陳寧貴現代詩研究

陳 福 成 著

華文現代詩點將錄
文史哲出版社印行

國家圖書館出版品預行編目資料

陳寧貴現代詩研究 / 陳福成著. -- 初版 --
臺北市：文史哲，民 107. 08
頁：　公分.（華文現代詩點將錄；5）
ISBN 978-986-314-424-3 (平裝)

1.陳寧貴 2.新詩 3.詩評

851.486　　　　　　　　107012924

華文現代詩點將錄　5

陳寧貴現代詩研究

著　者：陳　福　成
出版者：文　史　哲　出　版　社
http:// www.lapen.com.tw
e-mail：lapen@ms74.hinet.net
登記證字號：行政院新聞局版臺業字五三三七號
發行人：彭　正　雄
發行所：文　史　哲　出　版　社
印刷者：文　史　哲　出　版　社
臺北市羅斯福路一段七十二巷四號
郵政劃撥帳號：一六一八〇一七五
電話886-2-23511028・傳真886-2-23965656

實價新臺幣三八〇元

二〇一八年（民一〇七）八月初版

ISBN 978-986-314-424-3　　86105

關於全才詩人陳寧貴（作者序）

《華文現代詩》點將錄經一年多專心工作，到陳寧貴現代詩研究，於今年（二〇一七）八月底寫完，已算大功告成。鄭雅文、莫渝、許其正、林錫嘉、曾美霞、劉正偉、陳寧貴，這七家完全針對現代詩的研究，七家詩作風格各有特色。

剩下的兩個研究對象，筆者自己僅整理歷年來讀者文友評文，大概就是雜編。最後是發行人彭正雄先生，約是一本傳記體作品，這可能是很久以後的事了。

花了這麼多時間研究陳寧貴的現代詩，終於才清楚明白女詩人涂靜怡為什麼稱他詩壇才子「全才詩人」，詩評、詩論、多元主題詩創作等，都有出色的表現。近幾年來，他有羅門、蓉子作品研究系列，也都有深入獨到的見解。在快要進入銀髮之年，爐火純青之極品，想必就快要端出來了。

中國傳統詩人，在人品詩品上是合一的。我從他的作品已隱約看到一個「不住色聲香味觸法」的詩人，這是一種人生修行境界。他有所不住，但我知道他必定「住於詩」，當一個永遠的全才詩人。（《華文現代詩》同仁、台北公館蟾蜍山萬盛草堂　主人陳福成誌於二〇一七年八月底）

《華文現代詩》點將錄
陳寧貴現代詩研究 目 次

第一章 陳寧貴文學之路，及網路詩情略述

《華文現代詩》點將錄，筆者一路專心寫下來，已完成鄭雅文、莫渝、許其正、林錫嘉、曾美霞、劉正偉六家，我好像玩過六個世界。現在進入第七世界——陳寧貴的文學世界，他自己說「疏懶」沒有整理資料。但凡做過、走過都留下痕跡，多少能窺其深耕詩歌文學的身影，只是不易捕捉得完整。

壹、基本簡介與創作方向

依據《二〇〇七台灣作家作品目錄》，對陳寧貴有略要簡介，才過幾年除多些創作，基本上沒有太大改變。因此照錄簡述。（註①）

陳寧貴，一九五四年一月十九日生，籍貫台灣屏東，陳家乃屏東望族，也是台灣史

上著名的文武世家。

陳寧貴創作筆名：陳映丹、陳永軒、辛果、歐陽嘲。國防管理學院畢業，曾任國防醫學院人事官。曾加入《主流詩社》、《陽光小集詩社》，並任德華、大漢出版社、幼福影音總編輯，殿堂出版社社長，《新聞透視》雜誌副總編輯。曾任彩神音樂製作中心企畫主任、香音企業公司經理、出版社總編。曾獲中國新詩學會詩獎、聯合報文學獎、全國優秀青年詩人獎、教育部詩獎及聯合文學現代詩獎。他的職場生涯，可謂跨入出版界、新聞界、文化文學諸領域。

屏東陳家是台灣史上著名的文武世家
竹田鄉六堆福田村的陳家「公廳」，過去是大户人家才有的三進大宅。在第一進的門口上方懸掛著「武魁」牌匾；第二進掛的是「文魁」；第三進祖堂則高掛「貢元」橫匾。是地方上少見的文武世家，現在是重要觀光景點。資料圖片來源：陳寧貴提供。

陳寧貴創作文類包括詩、散文與小說。嘗試從歷史故事中擷取題材，利用現代詩的語言與技巧表現。蕭蕭曾說陳寧貴詩的特色在於「戲劇意象與戲劇動感的創造」，涂靜怡稱許其「詩思敏捷，意象相當明確，含意很深，而富於情趣」。散文則有對故鄉的懷想，也有對社會萬象的追索，用詩人的心眼透視人生，使他的作品意蘊深沉而且寬廣。二〇一四年《華文現代詩》創刊，在總編林錫嘉策劃和同仁努力，詩刊有了少數民族詩（原民、客語、台語）。這也表示，我們平等看待各種文學類別，陳寧貴也發表客語詩，使他創作方向更多元。

貳、陳寧貴重要著作（已出版為準）

寧貴已出版著作有詩、散文、小說和兒童文學四類，且以散文為大宗，他算是以散文起家建基文壇定位。

〈詩〉

《劍客》（台北：秋水出版社，一九七七年）。

《商怨》（台北：德華出版社，一九八〇年六月）。

〔散文〕

《孤鴻踏雪泥》（台北：水芙蓉出版社，一九七九年三月）。

《落葉樹》（台北：水芙蓉出版社，一九八一年）。

《晚安小品》（台北：傳燈出版社，一九八七年八月）。

《菩提無樹》（台北：傳燈出版社，一九八八年四月）。

《天涯與故鄉》（台北：殿堂出版社，一九八八年）。

《人生品味》（台北：殿堂出版社，一九八九年三月）。

《心地花糧》（台北：殿堂出版社，一九八九年三月）。

《生活筆記》（台北：知青頻道出版公司，一九九〇年五月）。

《心中的亮光》（台北：文經出版社，一九九五年五月）。

《讓生命微微笑》（台北：宇河文化出版公司，一九九九年一月）。

〔小說〕

《冷牆》（短篇小說集）（台北：德華出版社，一九八二年）。

《魔石》（短篇小說集）（台北：殿堂出版社，一九九〇年十月）。

〔兒童文學〕

《麵包山》（台北：傳燈出版社，一九八七年）。

參、陳寧貴網路詩情初探

寧貴兄神龍見首不見尾，首亦難得一見。但從他最早在一九七七年就已經出版詩集《劍客》，可以判斷他最早和詩結緣，並且在台灣詩壇獲得高度肯定和友誼。《秋水詩刊》創辦人也是著名女詩人涂靜怡大姊，有一則「臉書」貼文，充份提供這個看法的證據。（註②）

> 好友陳寧貴是詩壇的才子，能詩能文還能寫評論，是全才詩人。他曾是《秋水詩刊》同仁，陪伴《秋水》成長。熱情念舊、多情，都是他～陳寧貴。
>
> 如果我沒記錯，愛詩成痴的他，除了把獨生女取名爲「詩芳」之外，創辦過《陽光小集》的他，目前是《華文現代詩》的編委，對推動「當代詩運」可以說是不遺餘力。他，更是《秋水四十年》的見證人。這是他在一九九三年寄給我的新年賀卡，我很珍惜，都收藏二十四年了，願與《秋水詩苑》好友分享。

涂詩姊這段話等於給陳寧貴在台灣詩壇上，定下「詩壇才子」和「全才詩人」地位，他還「愛詩成痴」，且是秋水四十年的見證人。眾皆知曉，《創世紀》、《葡萄園》、《秋水》和《笠》是台灣現代詩壇，最有歷史的四大「元老」。寧貴兄能成為四大元老之一的見證人，可見他除了詩才，詩緣也深厚，似乎也間接說明他也是詩壇元老。但他年紀不大，接觸現代詩很早。

寧貴兄常在網路社群發表詩作詩觀，獲得不少稱讚。但他對於社群功能或效用似有質疑，當然這種質疑可從出世法和入世法（無為法或有為法），有完全不同的理解和詮釋。阿貴曰：（註③）

網路資訊隨用隨棄，快速輪替現象，使得你想在網路拓展人際留住人氣，將變得越困難，不管你獲得多少的讚，實質都歸零。危言聳聽乎？

從「無為法」看宇宙內外一切，都是瞬間假相（愛因斯坦亦類似說法，故《金剛經》四句偈說：「一切有為法，如夢幻泡影，如露亦如電，應作如是觀。」那星星月亮太陽三千大世界，皆如夢幻泡影，我們活在「有為法」的世界，仍應把握當下，好好努力。某次，《華文現代詩》同仁餐敘，大家熱烈討論這些議題，寧貴也認為雖然一切遲早歸於幻滅，我們也要把握當下短暫的存在，過有意義的生活。如他在「詩人俱樂部」一篇筆記。（註④）

近來發現不少老友體態退化，別來有恙，心戚戚焉。後來想想，老病來襲，亦非全無好處，當個人名利尊嚴的假面具被老病悄然逐漸揭開，從前驕傲的人開始懂得謙卑了。因此，我將「不經一番寒徹骨，焉得梅花撲鼻香」，更為「不經一番老病磨，焉得謙卑自在活」。

生老病死是人生的自然過程，雖說「自然」，總是臨到自己頭上就不自然，要能從容面對老病死，需要不少「修行功力」。這個功夫寧貴是有的，比較偏向道家的修行。他有一篇回應蔣勳的「臉書」貼文：（註⑤）

蔣　勳：莊子覺得大鵬鳥有大鵬鳥的大，小麻雀有小麻雀的小，其實大跟小，是兩種存在的狀態，並沒有美醜、好壞、以及眞假的問題。他覺得人之所以不快樂，是因爲那個小的忽然覺得：我爲什麼不能變大的？痛苦由此產生，莊子於是在《逍遙遊》的最後講了一句話：「各適其志」。每個人完成自我，才是心靈的自由狀態；每個人按照自己想要的樣子完成自己，那就是美，完全不必有相對性。我略總結莊子「天地有大美而不言」的意思，是說天地之下可以無所不美，因爲每個人都發現了自己存在的特殊性。人的存在就跟花的存在一樣，我們自己擁有別人不可取代的特性。

寧貴兄在這裡講到幾個關鍵詞，「完成自我」、「心靈的自由狀態」、「存在的特殊性」，這些是永恆可以論述不完的議題。各家學派的觀點也小有距離，就儒家看，大約如孔子所述「從心所欲不踰矩」，能隨心所欲又不踰矩，當然就是完全自由狀態。就道家看，接近所謂的「道」，但老子和莊子亦有不同的「道」，老子依然認為政府要存在，類似西方「小政府主義」，即「管得最少的政府是最好的政府」；而莊子已是道地的「無政府主義」，所以要論完全自由非莊子莫屬，詩歌文學美學與人生最高境界，正是莊子「浮游」觀，一種完全自由自在，完全投入和超越的狀態。〈在宥〉篇說：「浮游，不知所求；猖狂，不知所往。游者鞅掌，以觀無妄。」這是「唯我」又是「忘我」，物我同一之境。

或者西方心理學上的「自我實現」，也可以詮釋「完成自我」。而從佛教論述，不就是「一花一世界、一葉一如來」；再者佛法上的戒律，表相看是約束、是不自由，實際上則是「心靈的自由狀態」，一種完全自在與解放境界。所以觀世音菩薩也稱「觀自在菩薩」，寧貴兄所述「每個人都發現了自己存在的特殊性」，應該就能獲得「心靈的自由狀態」，如是亦自在。對於詩歌藝術流派與發展，始終是詩人有興趣的議題，寧貴兄也頗有自己的觀點。（註⑥）

> 無論明朗或晦澀，無論人或AI寫的，讓我有感我便讀。渾沌理論有云，渾沌乃秩序中之秩序，乃秩序之母，渾沌與秩序會輪迴現身，猶如西洋畫，從古典寫實，到十九世紀不得不走向印象，是從秩序回歸到了渾沌。因此，讀詩的心境，如王維：行到水窮處，坐看雲起時。如杜甫：水流心不競，雲在意俱遲。畢竟，人生海海，臉書尋歡，按讚隨緣，批評隨喜。

簡短幾句話，明說詩歌藝術的渾沌和秩序交替現身，這是萬事萬物自然發展之法則，物極必反，亂極回治，治極又亂。似乎在說人生面對無常、變動，要能「不以物喜、不以物悲」，內心才能平靜。但引杜甫〈江亭〉一詩，似另有所指。「坦腹江亭暖，長吟野望時；水流心不競，雲在意俱遲。寂寂春將晚，欣欣物自私；故未歸未得，排悶強裁詩。」杜甫寫這首詩的時代背景，是安史之亂未平，朝中權臣奸人用事，暗示自己無能為力，內心更為感傷。政治是很可怕的東西，人人都難以逃脫其影響力。寧貴借以影射現在台灣政局，大家隨緣，各顧各的生計吧！自己專心把事做好，有得有失。寧貴兄的一段「臉書」貼文我最欣賞。（註⑦）

如是我聞：

做好一件事，關鍵不是聚光燈照著，而是「專心」二字。上了台就沒有退路，必須一心一意。專心是一種定力，它能讓人突破重圍，認清自己，獲得眞正屬於自己的掌聲和快樂。專心是一種禪定，它能讓人異常平靜，當心中只被一件事裝滿的時候，其他干擾就會消失於虛無。一心一意，一人一事，也是心安。專心，是踏過五彩斑斕的誘惑後，內心的禪定；是迷途知返，看淡名利後，守住幸福的彼岸；守得雲開見月明，是時間給你的最好的犒賞。其實眞正意義上的成功並不存在，有得必有失。

這段話真是寧貴兄一生浸淫詩歌文學思考的精華，是「實踐是檢驗真理唯一的方法」，印證出來的人生實相。直如高僧大德開示，醍醐灌頂，暮鼓晨鐘，發人深思，又如禪宗一個大「棒喝」，夯在腦門上，不悟都不行。「真正意義上的成功並不存在」，確是，世上沒有一個人，其生命歷程是「百分百成功、完全圓滿」，有得必有失。有了大錢失去平常心，有了大位失去人性，守住平常心和人性道德，也等於失去「豐功偉業」，失去很多大舞台。除非你到了觀自在菩薩的境界，不生不滅，不垢不淨，不增不減……以無所得故，當然就無得無失。

在尚未到達觀自在菩薩之前，我們都仍是俗人凡人，時時刻刻面對無常得失的無情「修理」，吾人須將修理當修行，專心習得內心平靜，讓干擾（無常得失）消失於虛無，詩歌文學藝術流派亦如是。（註⑧）

令人眼花撩亂的藝文主義流派，看似繁複神祕，其實可追溯至十九世紀印象畫

> 派，它是對十四世紀文藝復興以來寫實畫的反動，寫實畫又溯自希臘的雕塑建築。米開朗基羅就是運用雕塑技法，在梵蒂岡西斯廷教堂的天花板上畫出動人的創世紀，他生前輕視風景畫，不知道對於中國山水畫或印象畫的評價如何。從印象派一路演化而來的，包含文學藝術講的就是前衛，創作精神的前衛是必須的，但前衛的終極在那裡？會不會淪爲模特兒服裝表演？最前衛的表演就是什麼都不穿？

這是個弔詭而無解的習題，詩歌文學乃至一切藝術創作，甚至科技發展也一樣，前衛精神都是必須的，要考量大未來很長時間的可能趨勢。特別是有能力的強國大國（中、美、俄），當第三代隱形戰機尚在服役，第四代（約二十年後）、第五代（四十年後），都已投入研發，其他科技亦如是。

寫詩也是一個道理，一個「稱職」的詩人，他若要像一個真正的詩人，他必須不斷創新突破，前衛精神是必須，他的辛苦不亞於研發隱形戰機。（科學家有很多回報、詩人有什麼？科學家投入四十年定有財富名利回報，詩人投入四十年只得到孤獨，或者詩的流傳。）

但前衛的終極在那裡？前衛有時不一定是前進、進化，也可能是「終極退化」。往昔有人問愛因斯坦，第三次世界大戰爆發結果會怎樣？愛因斯坦說不知道，但知道第四次大戰的武器只有石頭和木棒。詩人寧貴兄似也有這樣思維，他提問，發展到最後，最前衛的表演就是什麼都不穿了？我想，到那一天，人類文明文化全滅了，大家光著身子或長滿毛，打仗武器也只有石頭和木棒！

肆、小　結：二〇一四《華文現代詩》新里程

二〇一四年初，因緣際會，陳寧貴等十人共同創辦了《華文現代詩》季刊，同年五月創刊號誕生，至今（二〇一七）年五月已發行第十三期。幾年來，發行和編務等諸多行政工作，都由彭正雄和林錫嘉二位，承擔了所有重責大任，但說到提供詩刊作品，寧貴兄應是最積極的一位，沒有他自己說的「疏懶」現象。

我研究寧貴兄的文學創作，當然也要對他的人有所理解，我判斷，他還是天生的讀書料子。他在小二時（約八歲），就一口氣讀完《綠野仙蹤》童話故事，很早養成讀書買書習慣，至今在捷運上，大家滑手機，只有他拿出紙本書來讀。（註⑨）對於一輩子都在讀書、寫作的人，未來當然還是讀書、寫作。

註釋

①封德屏主編，游文宓執行編輯，《二〇〇七台灣作家作品目錄》第二冊（台北：台灣文學館，二〇〇八年七月），頁九一四。

②涂靜怡「臉書」貼文，〈感恩篇〉賀卡系列之五，二〇一七年元月四日。

③陳寧貴，「臉書」貼文，「詩人俱樂部」，二〇一七年元月七日。

④陳寧貴，「臉書」貼文，「詩人俱樂部」筆記，二〇一七年四月十八日。

⑤陳寧貴，「臉書」貼文，「詩人俱樂部」，二〇一七年四月二十一日。

⑥陳寧貴，「臉書」貼文，「詩人俱樂部」，二〇一七年六月二日。

⑦陳寧貴，「臉書」貼文，「詩人俱樂部」，二〇一七年六月七日。

⑧陳寧貴，「臉書」貼文，「詩人俱樂部」，二〇一七年六月十二日。

⑨陳寧貴，〈書的故事〉，《文學人》第十五期（總二十八期）（台北：中國文藝協會，二〇一七年五月），頁二二六—二二七。

第二章　詩說戰爭，涿鹿與淝水之戰

在現代詩創作者群像中，以「戰爭」為思考核心的作品，應該是不少。例如余光中的〈如果遠方有戰爭〉、〈在冷戰的年代〉，羅門的〈麥堅利堡〉等，都是對戰爭問題的詩說思考、反思或批判。乃至經由詩述，提出個人獨到見解。在《華文現代詩》各詩家，莫渝和劉正偉也有多首對於戰爭的思考。

但以戰爭史上一場完整的關鍵戰役，做完整的詩述表達，尚未見有詩人這樣選擇題材。陳寧貴應該是唯一的，在《商怨》詩集一書，有〈涿鹿之戰〉和〈淝水之戰〉兩首詩。凡是略讀中國史（甚至從未讀過），只要是中國人，多少知道黃帝與蚩尤的涿鹿一戰。而淝水之戰或許需要更多常識，才會知道或聽說，惟常識、知道或聽說，都難以走入知識和藝術欣賞的殿堂。

進入知識系統和藝術欣賞殿堂，是兩種完全不同的國度。知識系統使用科學語言，針對事實各單元（人、事、時、地、物、如何、為何），進行事實陳述與判斷，過程中應儘可能做到「價值中立」，沒有情緒、情感性和價值表達語句。這種語言有一致性、統一性，儘可能沒有歧意。

而藝術、美學（當然含詩歌）欣賞，則多用文學語言，進行價值陳述與判斷，過程中使用很多抒情與價值語言，不存在價值中立問題。更多的是突顯個人價值與情感，讓你的語言（作品）成為唯一，這種語言沒有一致性，更不要有統一性，最好有多層歧義（意），如詩語言是也。（註①）

陳寧貴的〈涿鹿之戰〉和〈淝水之戰〉二詩，若只從詩語言（價值陳述）賞讀，不足亦欠深入。若加上科學語言補入事實陳述，相信對整首詩的理解，不論深度廣度，都能看到更為不凡的風景。因此，賞析這兩首詩，先打開吾國歷史與戰史，針對事實發生情況，簡述戰役經過和時代背景。

壹、〈涿鹿之戰〉經過和賞析

中國歷史上的重要戰役大約有一百個。（註②）但「決定性會戰」則只有十次，本文不討論「戰役」和「會戰」的專業區分，視為相同。這十個決定性戰役是涿鹿、牧野、城濮、長平、垓下、赤壁、淝水、薩爾滸之戰，及澎湖和黃海兩個海戰。（註③）陳寧貴能選擇涿鹿和淝水兩戰詩寫表達，應有其深意，應與其軍人背景有關。首先賞讀〈涿鹿之戰〉一詩。（註④）

一聲吶喊，霹靂四起
熊羆貙虎貔貅紛紛撲向敵人的咽喉
於是鏗鏘的刀響
開始殘忍地互相追逐起來

那個叫蚩尤的臉色
突然
被驚恐撕成一片片零碎的慌

驀地

黑霧四起
天昏
地暗

一群眼睛遂擠在一起
尋找說也說不清的方向
他們感覺一塊黑布奪走了視線
感覺掉進一張網裡像魚般的緊張
他們用手亂抓就是抓不破這片黑
於是有人顫抖地喊道：「我們中計啦！」
「不要怕，」鐵般的聲音卻琤然躍出：
「我們的指南車能夠拉開迷惑。」

遽然
太陽昇起

天清

地朗

蚩尤終於一把撕下臉
洩露出雙掌堵不住的憤怒
帶著夸父掄起大刀寫下困獸的威風
一聲鐺，兩顆人頭落地
這是蚩尤拋給歷史的遺書

黃帝生存的年代，約是我國「新石器時代」（前六千年到商朝初期），當時中國這塊黃土大地，住著夏、夷、黎苗，各自成為不同的生活文化集團。夏族分布在黃河上游，至西南岷江流域；夷族生活在渤海沿岸，到淮河、長江下游；黎苗族約今之湖北、湖南、江西地區，另有嶺南百越各族。當然，也還有其他少數民族。

夏、夷、黎苗三族，以黎苗最強大，夏次之，夷最弱，所以涿鹿之戰是夏族和黎苗族的決戰，夷族並未參戰。

蚩尤領導八十一個氏族部落，由南向北；黃帝的夏族由北向南，彼此競逐於中原平原。蚩尤之所以力量強大，是八十一個部落較團結，且所用兵器較先進，蚩尤的部隊使用金屬製兵器，黃帝的部隊使用石材、木材等製造的兵器。

黎苗族的根據在長江中下游，此地區產五金，湖南產銅和銻，湘西產辰砂，大治有鐵，到現在仍有得開採，《管子・地數篇》記著：「葛盧之山（今湖北、江西接境的山區），水發出金，蚩尤受而製之，以為劍鎧矛戟。

在《史記・本帝五紀》正義引龍魚河圖說：「蚩尤兄弟八十一人，獸身人語，銅頭鐵額，食砂造五兵，仗刀戟大弩，威振天下。」

這些記載都可見蚩尤部隊兵器較先進，另外對黃帝部隊兵器的有關記錄，則是木料和石材。

在蚩尤與黃帝作戰前，依《史記》之說，有炎帝與黃帝戰於阪泉，這是另一種說法，史料不夠明確，很難證實。清代梁玉繩研究，認為黃帝與炎帝戰於阪泉，即涿鹿之戰，也都不很可靠。故史家乃略阪泉之戰，而保留黃帝與蚩尤的涿鹿之戰。

從黃帝與蚩尤部隊作戰使用的兵器，證明長江流域文明比黃河流域文明先進。蚩尤已有金屬製造的兵器，黃帝仍以木料為主，戰力上明顯居於劣勢。

蚩尤率領黎族八十一個部落，先打敗了當時統治中原的「榆罔帝」，自立為「炎帝」，成為中原地盤上的統治者。但炎帝（蚩尤）暴虐百姓，又引起夏族各部落的反抗。這位到處奔走，連絡夏族各部落起來反抗蚩尤統治的首領，便是黃帝軒轅氏。現在我們知道黃帝不是一開始就是夏族的共主，也知道炎帝就是蚩尤。

黃帝深知蚩尤部隊兵器先進，但也看準對方缺點，黎族部隊由南方來，對北方天候、地形不明瞭，黃帝決定用後退包圍戰略，把蚩尤引導到一個陌生環境，削弱其戰力，再用天時地利之便殲滅蚩尤部隊。黃帝的部隊也用牛車、馬拉車、指南車，計畫在戰術、戰略上彌補兵器落伍之不足。

另有一說，當時黃帝、炎帝和蚩尤「三足鼎立」，蚩尤先打敗炎帝的部落，炎帝只好向黃帝求救，於是炎帝與黃帝聯合打敗蚩尤。最後黃帝和炎帝的部落又有衝突，又發生戰爭，炎帝打敗。

黃帝終於成為中原地區各部落的聯盟首領，他們二位被後人共認是華夏民族的共同祖先。因此，我們又稱自己是「炎黃子孫」。

在前面提到黃帝和炎帝二人，說二者也有戰爭，但《國語卷十・晉語》載：「昔少典娶於有蟜氏，生黃帝、炎帝，黃帝以姬水成，炎帝以姜水成，成而異德，故黃帝為姬，炎帝為姜。」這段話也指明黃帝和炎帝是兄弟關係。《逸周書史記》另解說：「蚩尤逐帝榆罔而自立，號炎帝，亦曰阪泉氏。」，這又明明說了，蚩尤就是炎帝。

不管那三人甚麼關係，黃帝是以劣勢兵力打敗蚩尤，成最後的贏家。

夏族、黎族兩軍在現在河南中部地區接戰，不久黃帝的部隊主動向北引退，蚩尤部隊跟蹤追擊，當時華北地區森林密佈。黎族部隊進入河北平原後，因環境生疏、氣候不適、語言隔閡、敵性不明、食料飲水不足。行動日感困難，加上環境陌生，傷亡不能補充，精神戰力大受威脅。

反之，黃帝的部隊因得天時地利之便，精神戰力大大增加。大約在現在的河北省北部地區，黃帝知道蚩尤部隊已陷於極大困境，乃掌握有利時機，主動反擊。在涿鹿（今河北涿縣）一戰時，適逢天候巨變，狂風大作，沙塵滿天（中國北方常有沙塵暴）。蚩尤軍隊迷失方向，黃帝利用指南針控制方向，一舉殲滅蚩尤部隊，且擒殺蚩尤。

涿鹿戰後，黃帝被尊為諸侯共主，這一年是西元前二六九八年，距今（民一〇六年）有四七一五年。

有關涿鹿之戰後，黃帝被尊為共主的年代較為確實，有關過程的描述不是過於簡略，就是各說互異，或附帶神話傳說。涿鹿之戰前，黃帝和神農也戰於阪泉。

阪泉之戰一時，天下共主炎帝神農氏八世，暴虐無道，黃帝率諸侯與戰，敗神農氏於阪泉（河南涿鹿縣東），遂代神農氏為天下共主，版圖東至於海，西至甘肅，北至河北，南至大江。

涿鹿之戰一時，諸侯多歸黃帝，獨苗族蚩尤不服，與黃帝戰於涿鹿（今河南涿鹿縣），蚩尤能作五里霧，黃帝與其久戰不勝。黃帝乃作指南車（車上有神，常指南方）以定方向；西王母派遣九天玄女下凡，把靈符、道法和《陰符經》傳給黃帝，遂擒殺蚩尤，天下乃定。

另外也說，當時三強（炎帝、黃帝、蚩尤），南方九黎在其首領蚩尤率領之下，向炎帝求援。黃帝統帥炎、黃二部與蚩尤戰於涿鹿之野，結果蚩尤被殺。涿鹿之戰後，炎黃兩部落發生戰爭，黃帝擊敗炎帝。從此，中原各部落咸尊黃帝為共主，炎、黃等部落在黃帝的領導下融合成華夏民族。故中華民族素自承為「黃帝後裔」，又因炎、黃兩部落融合成華夏民族，故也稱為「炎黃子孫」。

黃帝雖被視為華夏之祖，但古代傳說中的黃帝並非孤立的，他只是上古時期氏族、部落酋長或共主中的一位。中國古籍向來流傳著「三皇」、「五帝」的提法，不過「三皇」、「五帝」的具體有著很多不同的說法。在此只用提一種異說：「三皇」乃天皇、地皇、泰皇《史記・秦始皇本紀》，「五帝」乃黃帝、顓頊、帝嚳、唐堯、虞舜《史記・五帝本紀》。

黃帝之後，最著名的共主有唐堯、虞舜、夏禹等人。禹係夏后氏部落之領袖，姒姓，又稱夏禹、大禹。相傳堯的末年，洪水泛濫，禹父奉命治水，花了九年時間而一事無成，而被堯處死。及舜即位，禹奉命繼其父治理洪水。禹用疏導的方法，廣修溝渠，終於根治了水患，從此成了華夏民族的英雄人物，被稱為「大禹」。

「一聲吶喊，霹靂四起／熊羆貙虎貔貅紛紛撲向敵人……」。黃帝時代的政治組織型態，叫做「氏族部落」，各部落以某種動物（通常以猛獸為主）形像為「圖騰」，也象徵部落及其軍隊的勇猛。現代地球上仍存在很多以部落為主體的社會型態，也以諸種動物（如蛇、老鷹等）為部落之象徵圖騰，乃至形成所謂「聖物」。但前面所提到的動物，除虎、熊現代人熟知，其他都難以想像，在《史記・五帝本紀第一》所述，黃帝「撫萬民、度四方，教熊羆貔貅貙虎，以與炎帝戰於阪泉之野。三戰，然後得其志。蚩尤作亂，不用帝命。於是黃帝乃徵師諸侯，與蚩尤戰於涿鹿之野，遂禽殺蚩尤。」對於那些野生獸類，在「索隱」有如下注解。（註⑤）

書云「如虎如貔」，爾雅云「貔，白狐」，禮曰「前有摯獸，則載貔貅」是也。爾雅又曰「貙獌似貍」。此六者猛獸，可以教戰。周禮有服不氏，掌教擾猛獸。即古服牛乘馬，亦其類也……羆如熊，黃白色。郭璞云：「貔，執夷，虎屬也。」案：言教士卒習戰，以猛獸之名名之，用威敵也。

另據古文明研究專家表示，六種兇猛野獸名稱，實際上最可能是象徵指與黃帝部落組成聯合體的一些部落，黃帝是這些部落的盟主。（註⑥）就算有這些部落聯盟，但因蚩尤兵力強大，兵器也比較先進，所以涿鹿之戰初期，蚩尤是明顯居於優勢。後來黃帝用了「後退包圍戰略」，加上指南針指引方向與地利優勢，才打敗了蚩尤。故詩說「那個叫蚩尤的臉色／突然／被驚恐撕成一片片零碎的慌」。此處，「慌」本來只是心理作用，沒有「實物」，詩人用「移覺」詩技大法，具體實體化，撕成零碎意象，形容蚩尤兵敗的亂像。

「他們感覺一塊黑布奪走了視線／感覺掉進一張網裡像魚般的緊張……」傳說蚩尤能作「五里霧」，這當然是神話，最有可能的解釋是華北的沙塵暴，加上華北地區在當時仍是森林密佈，導至蚩尤的軍隊迷失方向，黃帝的部隊因有指南針控制方向，才得以最後取勝。這段歷史在一般中學課本也提到，「蚩尤終於一把撕下臉……兩顆人頭落地／這是蚩尤拋給歷史的遺書」。為何只有兩顆人頭落地？應該是很多才是！或者詩人象徵性取複數代表很多。

貳、〈淝水之戰〉經過和賞析

中國歷史「合久必分、分久必合」已是定律。晉武帝結束九十年的三國紛爭，吾國重回統一局面，建立了晉王朝，可惜只有三十七年又解體了，史稱「西晉」。接著，東晉保有東南半壁，又維持一百零二年，西部和北方是五胡及若干漢人建立的國家，史稱「五胡十六國」，其實有二十二國，這是中國的大分裂時代。

我們常說「東晉偏安」，其實是偏而不安，因為南方政權要北伐，北方政權要南征，終極目標都是完成中國最後的統一，基本思維和一九四九年後的兩岸同樣。中國自古以來，人民認同的是一個統一的國家，分裂分治都是暫時的。所以，東晉志士祖逖、桓溫、褚裒、殷浩等人，都積極於北伐大業，諸多原因（如朝廷消極等）均未成功。最後一次北伐在晉廢帝太和四年（三六九年），桓溫率五萬軍北伐中原，結果全軍敗退，北伐從此成泡影。

而北方各政權也在進行全面「洗牌」，最後前秦苻堅統一北方諸邦，也積極南征伐晉，企圖完成統一中國之霸業。淝水之戰是第二次南征伐晉，卻意外慘敗，首先賞讀陳寧貴這首〈淝水之戰〉。（註⑦）

1

苻堅的眼睛早已爬上了頭頂
雙耳聾得但聞
蜜蜂飛滿胸膛的聲音
閒來無事，遂狂笑道：
「祇要我
一舉手天下便成蔭
一投足則萬水斷流
大軍出發

旌旗連綿，步騎千里
天為之驚，地為之動
風蕭蕭兮雲變色
彷彿
熱血突然就要湧出喉嚨
苻堅騎著馬，看著天
把脖子拉得像長頸鹿
想著：「呵呵，整個天下一聲令下
不得不投入我的懷抱啦。」

2

消息匆匆
匆匆傳到晉國
文武百官頓時
如凋謝的花朵
舉國的空氣亦逐漸凝結

凝結凝結凝結
宛如要結成水珠子
滴——落下來

謝安卻於是和張玄下起圍棋來了
他的臉上
無論如何也尋不到
有一場即將爆發的戰事

他說：「我們在心弦上
　彈一首歌，唱吧！」

3

所謂命運，在這屏息片刻的當兒
就要被註定
蘊釀著的氛圍中

聞得出一股濃烈的殺氣
銳利得宛如一柄快刀
剎那間，必有一方倒地不起

晉軍
渡河
突然亂箭如蔽天的蝗蟲
飛下來
噬盡秦兵的膽子

苻堅
中箭
草動疑伏兵
風聲作刀響
於是死神舉起拳頭擂他、命令他

滾回去
淝水依然流著
依照流著千百年的
淚水啊淚水……

淝水之戰是前秦苻堅統一北方後，第二次南征伐晉，時間是在晉孝武帝太元八年（西元三八三年）九至十一月。複雜的過程少述，司馬光在《通鑑・肥水之戰》說：「堅發長安，戎卒六十餘萬，騎二十七萬，旗鼓相望，前後千里。九月，堅至項城，涼州之兵始到咸陽，蜀漢之兵順流而下，幽冀之兵至於彭城。東西萬里，水陸齊進，運漕萬艘，陽平、公融等兵三十萬，先至潁口。」這是一支大軍。

當時東晉兵力八萬，謝安為吏部尚書，重要出戰將領有謝石（安弟）、謝玄（安姪）、謝琰（安子）。

雙方對陣在淝水、洛澗東西岸，苻堅遣朱序（原晉梁州刺史在襄陽被俘）來說謝石等，「以強弱異勢，不如速降。」朱序私下告訴謝石說，秦軍百萬未集，宜作速戰，若挫其前鋒，可以得志。謝石乃遣使和苻堅商議，意思說百萬大軍逼近淝水，晉軍無法渡河決戰，不如秦軍稍退，讓出空間，待我晉軍渡河決戰，這才是速戰速決的辦法。

苻堅同意退軍，朱序、謝石早已安排好人馬，當前方開始後退時，便在陣中喊叫「秦兵敗了、秦兵敗了。」後方以為真敗，人馬狂奔，不可收拾，兵敗如山倒，晉軍殺來，死傷無數。苻堅回到北方，剩殘卒十萬。晉軍

> 東晉北伐無功，從另一面看也表示北方強權已經壯大，並無懼於東晉，主動對東晉發起南征。這本是國與國之間，力量的自然消長，歷史總有意外，東晉在結束之前，僥倖打了一場漂亮的「淝水之戰」，歷史上傳為美談。

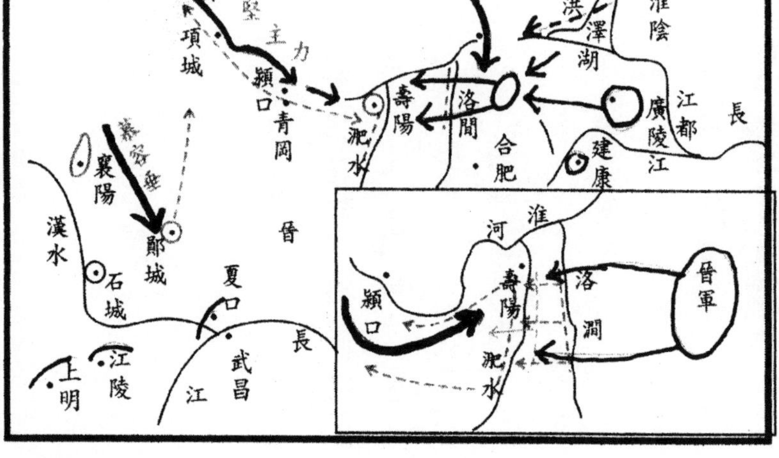

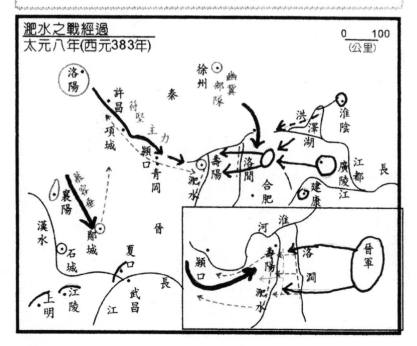

大勝，謝石派人向謝安報佳音，安正和人下圍棋，客人問話，安說：「孩子們已經把苻堅那老賊打跑了！」

是役東晉贏在僥倖，前秦輸在輕敵與戰略素養的低落。司馬光評之曰：「堅之所以亡，由驟勝而驕故也。」也使東晉再偏安獨存（獨立）三十六年。

淝水之戰事實陳述如上。詩人以詩說表達，第一節第一段正點出苻堅「驕兵必敗」的徵候。「苻堅的眼睛早已爬上了頭頂／雙耳聾得但聞／蜜蜂飛滿胸膛的聲音」。此處詩意語用了反諷、調侃技巧，更誇大放大驕傲者的誇張形像，接下兩句達到驕傲的極致，「一舉手天下便成蔭／一投足則萬水斷流」。我想，任何人到了眼睛長在頭上，兩耳只聽甜言蜜語，就是滅亡的前兆。詩人在整首詩的起頭，就如是暗示，顯然他對歷史、戰史的事實情況，是有深刻理解的。

「大軍出發……不得不投入我的懷抱啦」乃驕兵出發南征的壯大聲勢。東晉文武百官很快得知有敵大軍就要入侵了，面對大軍壓境，詩人在第二節把一般官員和謝安的反應，做了強烈反差描述。「文武百官頓時／如凋謝的花朵／舉國的空氣亦逐漸凝結……滴——落下來」，這樣形容真是太「神」了，等於全國「結冰」啦！

當時東晉掌握大權的是以謝安為首的謝家軍，詩述謝安的反應極冷靜，還和人下棋。「無論如何也尋不到／有一場即將爆發的戰事……彈一首歌，唱吧！」前後創造極大反差，突顯了謝安個人如「神」一般的修為，泰山崩於前而面不改色。這正是一個領導者應有修為和特質的最高境界，反差之大，也更突顯苻堅的驕傲、愚笨乃至戰略素養欠缺。更驗證兵家常說的，一場戰役的勝敗，其實戰前已經決定了。

第三段是詩人對淝水之戰的評論和心得詩說。勝敗是「命運」註定的嗎？包含我們每個活生生的人，也被命運註定嗎？詩人先肯定再否定。誰能在事前就聞出勝敗的「味道」，這是高人智慧，「蘊釀著的氛圍中／聞得出一股濃烈的殺氣／銳利得宛如一柄快刀……」。於是，「晉軍／渡河……」於是「苻堅／中箭……」。相同的歷史、戰史，古今以來，在地球的每一個角落，一再重演，一演再演，無視於慘痛教訓，人類這物種，還真是愚笨又低能者，佔了「絕對多數」。

誰能看清歷史？誰能記取歷史教訓？從中獲取真智慧，避開大災難，得以福國利民。詩人因旁觀能清，洞知真相，那些當局者大概因握權而心迷，又弄權而失智，故歷史總是一再重演！

註釋

①世界上各國語言千百種，但按屬性區分，去除虛字（如中文的之、乎、者、也，英文的介系詞、冠詞），可分成「事實語言」和「價值語言」兩種。前者用於事實陳述與判斷，如這裡有三朵花，紅、白、黃各一朵。後者用於價值陳述與判斷，如我愛紅花，討厭白花，黃花有點喜歡。

②陳福成，《中國歷代戰爭新詮》（台北：時英出版社，二〇〇六年七月）。

③鈕先鍾，《中國歷史中的決定性會戰》（台北：麥田出版社，二〇〇三年五月）。

④陳寧貴，〈涿鹿之戰〉，《商怨：陳寧貴詩集》（台北：德華出版社，民國六十九年六月），頁一五—一七。

⑤漢．司馬遷著，裴駰等三家注，《史記》（台北：宏業書局，民國七十九年十月十五日），頁三—五。

⑥謝維揚，《中國早期國家》（台北：慧明文化事業有限公司，民國九十年十二月），第五章，〈中國古代的酋邦〉。

⑦陳寧貴，〈淝水之戰〉，同註④書，頁一八—二一。

第三章 詩講佛法，以詩修行，修行以詩

認識詩人陳寧貴這麼久了，我們又同時有「革命軍人」背景，但因見面機會少，且聚會時多談些公務或作品等，還不知道他的宗教信仰。惟從旁研究他的詩歌文學，以及臉書和賴上訊息，乃至意見表達評論等，我判斷他在思想上是較傾向佛教的，有不少隱約的「潛證據」。

而明顯的證據，則在〈佛之鏡〉、〈菩提達摩〉、〈坐禪記〉、〈拭塵記〉四首詩。當然，詩意表達佛法，不能成為信仰依據，更不能表示皈依，頂多只能是思想、信仰上比較傾向佛教。因此，生活行誼創作，自然要從佛法取活水。本章選擇幾首他的「詩講佛法」，解讀詩人如何開示「講經說法」？

壹、〈佛之鏡〉：從悉達多到佛陀

佛教教主釋迦牟尼佛，二千六百多年前（比吾國孔子老），出生在印度迦毗羅衛國，是淨飯王的王子，姓喬達摩，名悉達多。從王宮裡的「悉達多」到成道後的「佛陀」，雖然是同一個人，卻是不同的兩者。

佛陀在菩提樹下證悟「因緣法」後，找到一起修行的五位同道，向他們「三轉法輪」，講說佛教的總綱「苦集滅道」。（註①）在《佛說三轉法輪經》記載：第一轉，佛陀說：「世間的苦，逼迫性；人生的集，招感性；圓滿的生命，可證性；解脫的道，可修性。」這是佛教史上所稱的第一次大轉法輪。

隨後，佛陀又教誡五位同修者說：「人間逼迫的苦難，你們應該知道；人生的煩惱無明，你們應該斷除；不死的生命，你們可以圓滿；解脫的道法，你們應該修證。」這是佛教史上的第二次大轉法輪。

接著，佛陀又再說：「這許多眾生苦難，我已經知道；這許多煩惱無明，我已經斷除；這種不死的生命，我已經證得；這許多道法，我已經修學。」這是第三次大轉法輪。

這五位同修者原是奉淨飯王之命的大臣，要把悉達多帶回王宮，反被王子說服出家修行。現在聽聞佛陀說法，如撥雲見日，忽然明心見性，成為大阿羅漢，不由自主地跪下懇求說：「悉達多，我們終於認識了您的偉大，我們願意做您的弟子，跟隨您學習。」

佛陀聞言開示說：「我已經不是悉達多了，你們叫我『佛陀』吧！我接受你們入道，共同度化眾生。」他們就這樣成為佛陀最早的五比丘弟子，而佛、法、僧三寶具足，一個宗教的雛形也宣告成立。

在陳寧貴〈佛之鏡〉一詩，多處有「悉達多」之稱，世稱「佛」或「悉達多」，其背景和名相內涵是有所不同的。尚未成道的悉達多修行經過如何？怎樣證悟？賞讀阿貴兄這首〈佛之鏡〉。（註②）

1

悉達多走出家門
為了尋找阿特曼的影子
眉宇間浮起禪般的語言
走進沙門，遁入神的意志
悉達多倚在自我的精神中沉思起來
此刻，一縷陽光打從祈禱中
射在悉達多明亮如鏡的意念裡

悉達多悉達多
彷彿有一種聲音在呼喊他
彷彿一伸手便可掬於掌
但是當他想伸出手的時候
突然感覺聲音渺渺茫茫
宛如在天之涯
宛如在地之角

於是悉達多站立不動
寬大的袈裟在微風中飄動如雲

2

悉達多不斷地跋涉在暝想的高山大海中
山總是越爬越高，海總是越過越闊
在神秘的虛空在莫名的景色裡
一隻鳥將如何的為他飛翔

如何的使他了解禪即是為鳥鳥即是為禪
蒼茫的月色下，悉達多辛苦地翻閱著離家後的心情
在肯定與否定中尋找自我的定義
在真實與虛偽中思考人類的明天

這時候，悉達多從菩提樹下站起來
乍聞空中霹靂大作，雙眼金光迸射
頓悟使他呼吸著驚喜的內在世界，跌入一首偈中

奧姆
　你必要測量一片枯葉一種速度
　如何從秋天的臉上降落
　奧姆。

「悉達多走出家門／爲了尋找阿特曼的影子……」。這「阿特曼」是什麼？不解開

亦難解詩意，回到古代印度宗教文化找答案。阿特曼（Atman）是印度宗教文化中的「真我」，很高哲學地位和宗教內涵，是印度文化思想很俱特色的一種。由此，而確立印度人不同於其他民族思維方式的重大源頭。

阿特曼的內涵可以如是界定：㈠一個潛存不滅，絕對永恆的精神實體；㈡一種純然的極樂狀態（Anada），一種本質純淨無暇的本性；㈢熄滅煩惱，祛除不淨的純然本性。真我、自我、純我、神我之意。這樣界定阿特曼，說到終極，是何謂「真我」？「我是誰？」的問題，想必世上所有教派、所有哲學、思想家們、心理學專家們，都在尋找的答案。我相信，許多人就算很老了，也還尋找真我何在？王宮中的悉達多思索著出門去修行找答案，父王不准，堅持要他繼承王位。悉達多太子向父王提出要求，能滿足下列

【人間社記者善淨洛杉磯報導】佛光山西來寺十八日至二十二日舉行「短期出家修道會」。此次修道會以中英雙語進行，吸引來自美國、加拿大、德國、英國、香港、馬來西亞、印尼、越南、中國大陸及台灣等國家地區一百四十六人參加。參與者有九十人擁有大學以上學歷，皆是各個領域的精英人士，特來體驗出家修道生活。

課程禮請佛光山寺住持心保和尚、常務副住持慧傳法師、副住持慧開法師、佛光山西來寺住持慧東法師、人間佛教研究院學術委員依空法師等授課。

人間福報

2017.7.21.

佛子過堂。 圖／人間社記者張志誠

四個願望，就可以不出家。（註③）

第一、人生沒有生老病死的現象；
第二、內心沒有憂悲苦惱的逼迫；
第三、人間沒有悲歡離合的苦痛；
第四、世間上所有一切不增不減。

悉達多「眉宇間浮起禪般的語言」，別說淨飯王聽不懂！就是二千多年後的現代人，沒有對宗教哲學很高素養，也還是聽不懂！只有對佛法甚深理解，便能懂得悉達多提出的四個命題，都和「真我」相關。但是尚未成道的悉達多，一直在思考這些問題，「悉達多悉達多／彷彿有一種聲音在呼喊他／彷彿一伸手便可掬於掌／但是當他想伸出手的時候／突然感覺聲音渺渺茫茫……」真理在得與未得之間，在悟與未悟之際，悉達多要問道於誰？或自我頓悟？在成道之前，悉達多有一段「苦行」，吃了不少苦頭，甚至昏倒，被牧羊女所救。

「悉達多不斷地跋涉在暝想的高山大海中……在肯定與否定中尋找自我的定義／在

眞實與虛僞中思考人類的明天」。這段詩意，應該就是悉達多出家修「苦行」的時候，根據《釋迦譜》記載，在苦行生活時，太子每天以麻麥充饑，禪修打坐時任由鳥雀在他頭上築巢，可見他的苦行堅持。

苦修多年仍不能進入真理的世界，他感到苦修是不對的。其後，他到了現今菩提伽耶這地方，在一株菩提樹下結草為座，立誓：「如果不能證悟眞理，我將永遠不離開這個座位。」（《佛本行集經》卷二七）

終於，在西元前六百多年的十二月初八日，星月交輝的夜晚，廓然大悟。頓時，天崩地裂，虛妄的世界消滅，金光閃爍的真理世界呈現眼前。詩人在末段寫著「乍聞空中霹靂大作，雙眼金光迸射……」，正是佛陀成道時情景。佛陀最先悟道「緣起性空」，一切因緣生，一切因緣滅，緣起緣滅是宇宙、人生的真理。他口中喃喃發出：「奇哉！奇哉！大地眾生皆有如來智慧德相，只因妄想執著而不能證得。」是所謂「生佛平等、眾生平等」的宣言。（《華嚴經》卷五一）

〈佛之鏡〉一詩的結尾，有「奧姆」等四行，未知何意？因為奧姆是瑜伽、西藏密宗加上基督教，三合一的宗教觀。若將此四行刪除，全詩依然保有完整性。

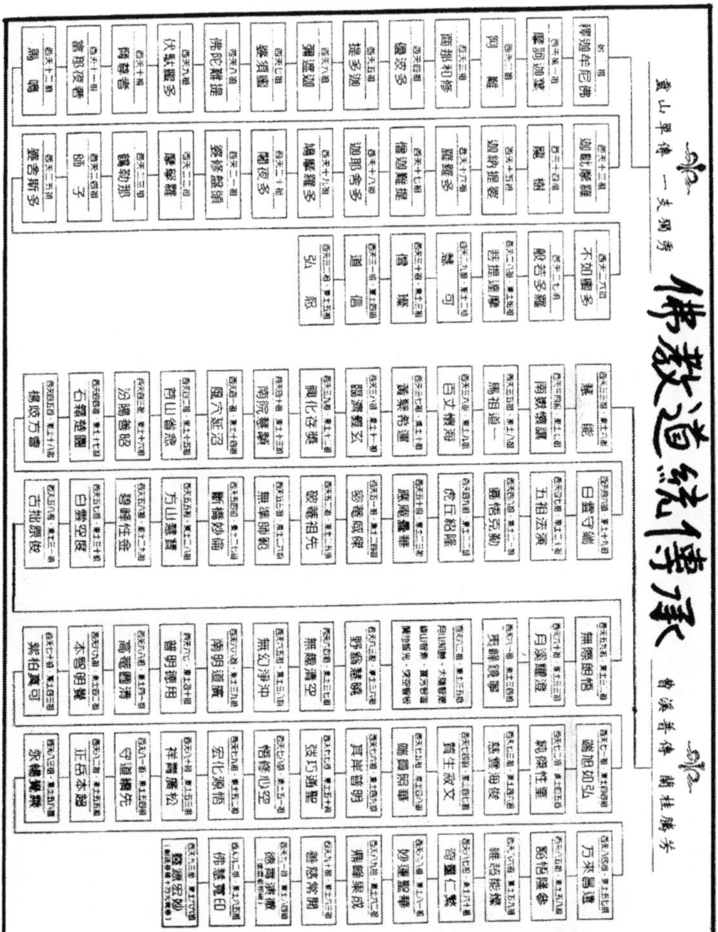

佛教道統傳承
中國佛教三期道統的傳承
中台廣傳 落地生根
本表資料來源：中台世界，財團法人中台佛教基金會，90年3月，頁2~3。

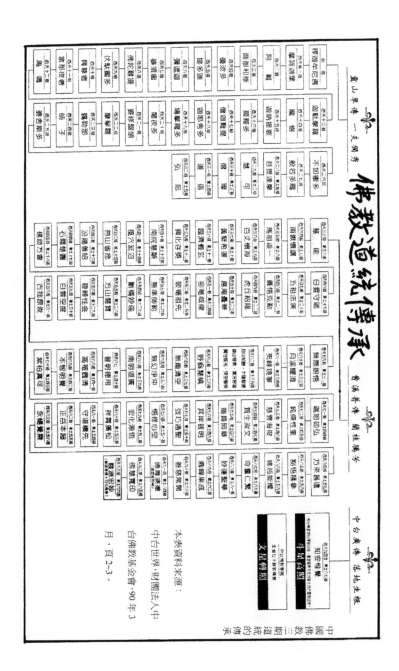

貳、〈菩提達摩〉，達摩東來為尋一不惑人

佛教是有道統傳承的宗教，二千六百多年始終不斷，實在是人天奇蹟。釋迦牟尼佛是創教始祖，摩訶迦葉為西天第一祖，阿難二祖……傳到菩提達摩為西天二十八祖，達摩東來中國是為中國佛教始祖。達摩之後傳慧可為二祖，接著三祖僧璨、四祖道信、五祖宏忍、六祖慧能（同惠能）……傳到現代，中國佛教六十六祖（西天九十三祖）靈源宏妙，六十七祖（西天九十四祖）知安惟覺。（註④）（說明：中國佛教三期道統傳承，依據中台禪寺資料，以惟覺老和尚為六十七祖，是否經過佛教各團體（如佛光山、慈濟、法鼓山、靈鷲山等），共同認定，吾不得而知。此完全站在學術研究的慎重態度，並無對中台任何不敬。吾深悟佛法不二，任何正信佛教在筆者心中，都同樣受我敬重，乃佛弟子應有的心態。）

達摩東來中國，是為尋一「不惑之人」傳承佛法。此事，筆者心中亦有疑問，印度諸邦人口亦多，難到找不到一個不惑之人可以承擔嗎？非要遠走中國！據知是達摩的師父、西天二十七祖般若多羅的指引。此中恐有甚深因緣，就由專家大德去研究。賞讀阿貴這首〈菩提達摩〉詩說了什麼？（註⑤）

達摩把一面鏡子
掛在緘口而思的墻上
久久一聲不響，終於
他的影子被墻壁貼了出來

一剎那，生前的本來面目
從鏡裡走向他的沉默中

禪的翅膀
於是把他的思想
飛入
九霄雲外

達摩因此而菩提

即使，苦海茫茫，茫茫無邊
祇要一根蘆葦，輕輕
他便渡過去了

這詩中提到「他的影子被墻壁貼了出來」、「祇要一根蘆葦，輕輕／他便渡過去了」。涉及達摩初到中國的一些歷史經過、故事、公案等，略為一說，可以是深度理解這首詩的背景。

吾國南北朝時代梁武帝時，達摩從印度走海路，到今之廣東省廣州市華林寺登岸。華林寺原名西來庵，是南粵古叢林，達摩登岸時（梁武帝大通年間），僅建茅舍。當時梁朝在皇帝蕭衍帶動下，佛教極為興盛，達摩直奔到今之南京和梁武帝見面，可惜二人話不投機，達摩祖師於是欲轉往江北少林寺，到江邊適無船航行，達摩乃取一根蘆葦，乘之渡江，這是佛教史上有名的「一葦渡江」故事。如是，信之者有，不信則無。

河南登封少林寺，是達摩祖師飄洋度海東來傳授禪法與印心之地，遂成為中國佛教禪宗祖庭。達摩在少林寺西山麓的石洞中面壁九年，留下一面「達摩面壁影石」，衣褶縐紋隱約可見，影像栩栩如生。從少林寺走上達麼洞約兩小時，達摩洞往上再走五分鐘，山頂有達摩祖師塑像，都是現在的觀光熱點。

「達摩把一面鏡子……生前的本來面目」，應該是達摩面壁進入禪定的狀態，達摩所傳主要是禪法，故為中土禪宗初祖，乃承接佛陀在靈鷲山「拈花微笑」之心法。禪法本來活潑，不受文字限制（不立文字），即詩曰「禪的翅膀／於是把他的思想／飛入／九霄雲外」，禪宗有些像詩人寫詩，天馬行空，穿越時空，行走於古今三界。信之者如是，不信者說科幻。

達摩祖師曰：「吾本來茲土，傳法救迷情，一華開五葉，結果自然成。」一花開五葉，乃達摩之後的「五家七宗」，各有興衰，至二十一世紀禪風更盛。

參、〈坐禪記〉：科學越發達，禪風日越盛

從佛陀成道最初有五比丘開始傳法，不知佛陀是否知道現在佛法已傳遍整個地球？相信祂是知道的，佛無所不在，無所不知。尤其到了廿一世紀，科學越發達，禪風日盛，可能未來AI（智慧機器人）出現，也要定期送去禪修、坐禪，確保和諧功能發揮。

但到底「禪」是什麼？吾國大唐以來有所謂北宗禪、南宗禪之分，即「南頓北漸」，

或「南能北秀」。神秀大師所傳的「北宗禪」，傳自四祖道信「守一」、五祖弘忍「守心」心法。北宗禪法特點「拂塵看淨」，重視「坐禪、觀心、攝心、住心看淨」修持法，達到覺悟解脫之境。神秀因而有「兩京法王、三帝門師」美譽。

南宗禪五家七宗皆承六祖惠能大師而來，分兩大支派：一則以南嶽懷讓、馬祖道一為思想體系的為仰宗、臨濟宗；一則以青原行思、石頭希遷為思想體系發展而出的遭洞宗、雲門宗、法眼宗。北宋時期臨濟宗又發展出楊岐宗、黃龍宗，合為「五家七宗」。南禪皆把握「不立文字、教外別傳」的宗旨。以上是「禪」的簡史，按依空法師所說，禪就是「簡單」，不立文字，並不是不要讀經典，而是看經要離文字相，否則就不是禪。（註⑥）尤其要體現在生活中，使生活就是禪，這需要境界，南宗

歐美禪學營 體悟佛門師徒關係

禪修成為世界流行

【人間社記者李生鳳大樹報導】老師對學生的影響有多深？老師與學生之間的關係又是什麼？佛光山開山寮特助慈惠法師，十九日晚間於佛光山如來殿梯型會議室，為歐美禪學營的學員闡述佛門的師徒之間，從二千多年前的佛陀到現今的星雲大師，即便相隔天涯海角，終其一生關係不變。

佛光山開山寮特助慈惠法師闡述佛門師徒間的緊密影響。

圖／人間社記者李生鳳

北宗禪應皆如是。

那麼，怎樣簡單？怎樣生活才叫禪？吾國明代王陽明有一偈語，說明「生活即禪」：「飢來吃飯倦來眠，只此修行玄更玄；說與世人渾不信，卻從身外覓神仙。」真的吃飯睡覺就是禪！曾有人問禪師：「您是怎樣修行？」禪師答說：「我就是吃飯和睡覺。」問者反問：「我們也是吃飯睡覺，難道不是修行嗎？」禪師搖搖頭說：「不然，你吃飯時，挑肥撿瘦，食不甘味；你睡覺翻來覆去，想東想西，睡不安眠。可是我吃飯菜根都是香的，食之有味；睡覺不想別事，睡得安然。因此，同是吃飯睡覺，效果不同，境界也不一樣！」

奇哉！奇哉！吃飯睡覺就是禪了，大家何必辛苦去打禪、坐禪，搞什麼「禪修」！難不成「坐禪」還有什麼學問秘笈？就來賞讀阿貴兄的〈坐禪記〉一詩。（註⑦）

1

神通在我身上應驗
菩提之光洞明清澈
能明不明之地
能亮不亮之域

心海寂寂，波平如鏡
於是，佛陀拈花向我微笑
漸漸，全身毛孔皆開
輕輕流出水般的微妙聲音
放射出千千萬萬大光明來

2

眼觀鼻鼻觀心
一念不起，畢竟寂然
寂然坐在莫名其妙的景色裡
此刻，時間靜止，靜止如停在水面的蜻蜓
冥想不斷，不斷如淙淙流水
薄若蟬翼的觀念，把我
逐漸溶解

於是

撲翅而去，飛入太虛
我乃太虛
過去無痕，未來失蹤
視而不能見，觸而不能覺
空空虛虛

虛虛空空
宛如翱翔在風裡
宛如漂搖在水中
突然，眉宇間射出一道白色的禪光
漸漸闊大，悠悠揚揚
傳來滿天佛號

3

彷佛兩耳源源流出佛語

忽遠忽近，弗盈弗虛
恍恍擦拭意念
一塵不染如明鏡
萬相於是顯形
萬心於是滅跡
一念不起如溫馴的湖水
月亮浴於斯
宛若明月大珠，光透自在
　誰從橋上過，橋流水不流
　一根拐杖變成龍，吞下
整個宇宙，山河大地還在何處？
渺渺九天
茫茫三界
但見
一朵蓮花

冉冉　飛

昇

坐禪也好！禪修也罷！我雖多次參加佛光山「佛學夏令營」，每次都有「禪修」這門功課，但始終坐不出什麼境界！只能說佛緣太淺，自己也不夠精進。倒是聽到別人禪修的「神通」故事，例如身體浮起來、看到已故親人、在天空飛……乃至佛像「轉身」看他……無奇不有。真實到底如何？六祖惠能大師在《六祖壇經》針對坐禪、禪定，有清楚明白的開示。（註⑧）

師示眾云：「此門坐禪，元不著心，亦不著淨，亦不是不動。若言著心，心原是妄，知心如幻，故無所著也。若言著淨，人性本淨，由妄念故，蓋覆眞如……何名『坐禪』？此法門中，無障無礙，外於一切善惡境界心念不起，名爲『坐』；內見自性不動，名爲『禪』……

原來真正不動的是意識不動，應該就是腦神經不動，按我的經驗真是很難，明明不想動，卻還是胡思亂想。禪宗從惠能開始，以《金剛經》「不住」思想為主，對外境一切善惡情境，不追隨，也不起念頭，練習到「心內無念、心外無境」才是境界，才見不動之本性。六祖大師再開示說。（註⑨）

善知識！何名『禪定』？外離相爲禪，內不亂爲定。外若著相，內心即亂；外若離相，心即不亂。本性自淨自定，只爲見境思境即亂。若見諸境心不亂者，是眞定也。善知識！外離相即禪，內不亂即定；外禪內定，是爲禪定……」

所謂「外離相即禪，內不亂即定」為佛法重點所在，「於念念中，自見本性清淨」，清淨的本性自然展現，真心、本心自然運作，自修、自行，自成佛道。所以，修行是要證真心、本心，當證到真心、本心之後，就能不受萬法的束縛，不受任何現象的拘束。

對於陳寧貴這首〈坐禪記〉，我不過引一些經典上的解釋，並不拿六祖大師的「標準」檢驗，亦不論作者是否做到「外離相、內不亂」境界，因為那是不可知之事。只能「從詩入禪」，談詩的禪境，看詩人展現了何種異樣的境界！

「神通在我身上應驗／菩提之光洞明清澈／能明不明之地／能亮不亮之域……放射出千千萬萬大光明來」。這個「神通」筆者有兩層解讀，第一層是人生修行上的「詩語言」，達到「物我合一、天人合一」的境界，如莊子「浮游」自在自由的狀態，浮游者如泳於江，人亦化入大江；如飛於虛空，人亦擁有全部虛空，這是人生境界，也是詩歌創作的境界，這不是神通這是什麼？

第二層是佛法修行上的「真神通」。佛陀十大弟子中，神通第一是目犍連，其他多少也有一些神通能耐，神通者不受時空物質束縛，上天下地，無形來去。現代社會也時有所聞能神通者，均難以證實。尤其新聞報導某某「神通」，騙財騙色，均邪魔惡道。這首詩的「神通」只是取佛法以喻，詩人沒有那種神通，只是一種想像力的發揮，描述坐禪過程中所領悟或發生的情境。

第二節「眼觀鼻鼻觀心／一念不起，畢竟寂然……」，才是坐禪要努力修致的境界，如何才能外於一切善惡都不起一念，眼、耳、鼻、舌、身、意所觸及一切，不起絲毫念頭，才叫「坐」。但這個修持境界很難，只有修行很好的高僧能做到，凡夫如阿貴我等，「冥想不斷，不斷如淙淙流水……」於是，思緒亂飛，飛入太虛，「宛如翱翔在風裡……」。所以禪坐是考驗功力，要做到一念不起是不容易的，多數人坐不住，等主持法師念一句「佛號」，有如下課鈴響，大家鬆了一口氣。

第三節是詩人多年人生修行的領悟，佛或禪的世界是調和、平等、統一的。詩人問：「**誰從橋上過，橋流水不流……**」悟道者看本體，不會和現象對立；看現象也不會和本體對立，本體現象是平等且統一的。人過與不過，橋動與不動，水流與不流，並非完全的二分法，不是兩回事，而是一回事。如同有和無、空和有，都不是二回事，而是一回事，此乃矛盾中有統一，差別中有平等。詩人有意指引讀者賞閱吾國梁朝傅翕大士詩偈。（註⑩）

空手把鋤頭，步行騎水牛；
人從橋上過，橋流水不流。

既是空手，怎說拿一把鋤頭？既是步行，怎又說騎水牛？橋流不流等，都是從世間法的分別心看問題，我們被定型了。「**一根拐杖變成龍，吞下／整個宇宙，山河大地還在何處？**」拐杖和龍無差別，二者都是拐杖，也都是龍，此刻天人合一了，宇宙和人合一，人既宇宙。詩人問：山河大地還在何處？當然就在詩人心中。

詩人有了天人合一、物我合一的修行。於是，「渺渺九天／茫茫三界／但見／一朵蓮花／冉冉　飛〃昇」，詩的境界乃出，人生境界乃生。

註釋

①星雲大師口述，妙廣法師等記錄，《人間佛教佛陀本懷》（佛光文化事業有限公司，二〇一六年五月），第二章〈佛陀的人間生活〉。

②陳寧貴，〈佛之鏡〉，《商怨：陳寧貴詩集》（台北：德華出版社，民國六十九年六月），頁二八—三〇。

③同註①，頁五四—五五。

④《中台世界》，財團法人中台佛教基金會，民國九十年三月，頁二一—三。

⑤陳寧貴，〈菩提達摩〉，同註②書，頁三一—三二。

⑥人間福報，二〇一二年十二月二十三日，A8版。

⑦陳寧貴，〈坐禪記〉，同註②書，頁三七—四〇。

⑧善性導師講述，《六祖壇經直解》（台北：一葉文化事業有限公司，二〇一二年三月），〈妙行禪定品第五〉，頁一二〇—一二三。

⑨同註⑧。

⑩傅翕，字玄風，號善慧，浙江省義烏市雙林人，吾國梁朝著名居士，生於南北朝魏明帝建武二十一年（四九七），卒於齊後主天統五年（五六九）。

第四章　想像：鬼異、超凡、幻化、創奇

「藝術是靠想像而存在的。」（高爾基）這可以說是所有各類藝術創作者知道的基本常識，是一條「鐵律」。不同的是，每位創作者的想像力高低不同，都在「想像王國」下功夫：鬼（詭）異、超凡、幻術、創奇……極盡所能的要製造天下唯一的產品，想像極限的創作。

凡是能留傳千百年的「終極作品」，都是終極想像力的展現。如《封神榜》裡人能上天穿地，《西遊記》裡孫悟空的千變萬化，《鏡花緣》裡的女兒國，《三國演義》眾將相鬥法，乃至孟姜女哭倒萬里長城，含冤的竇娥叫出六月雪來……那樣不是終極想像力的發揮。文學、藝術作品如是，詩更是想像產物，詩論家就認為詩離不開想像，如果離開了想像，就會像舉重運動員離開了遒勁的臂膀，失去高擎的形象，失去力與美。丟掉想像，實際上，就等於丟掉了詩。想像有哪些形式呢？聯想和幻想都是。（註①）可

以這麼說，有「關係」或關係相近，由此及彼或由彼及此的想像叫聯想。完全沒有「關係」，或脫離現實，完全不可能存在與實現者，這種想像就是幻想，如孫悟空一個筋斗翻出十萬八千里，李白「白髮三千丈」亦是。

詩壇上大師級詩人羅門，可算是經營想像力的第一把手，以台灣當現代詩人，作品最有機會傳頌後代應是羅門大師。他對想像力的發揮有如下的叮嚀：「由於詩與一切事物能發生良好的交通，完全是依靠聯想力和想像力。所以詩人必須培養自己有優越與遼闊的想像力，方能使詩在活動中，發揮出同一切往來的無限良好的交通……」（註②）這真是知易行難，到底羅門的想像力「秘方」是什麼？專家研究出想像力的「鑰匙」是：（註③）

> 他放棄對對象屬性之間的相似、相近點的尋求（即放棄「近取譬」的聯想），而努力追求事物之間屬性特徵的遠距離差異，進而做出更爲「不合法的配偶和離異」（培根語），即追求遠取譬式的想像，在大幅度分解組合中，創造更高的藝術眞實並形成動人的詩意。

如是建構之想像，可能出現鬼（詭）異、超凡、幻術、創奇、反常……無限多奇妙的情境。其實，這些正好就是想像的本質，將理性、邏輯、表象加以改造，變異越「離譜」越是有刺激性，要創造經典必須打破正常的因果邏輯關係，拉大想像的長度和跨度。古代詩論詩評家所謂「言出天地外，思出鬼神表」，大概就是指這樣的想像力所創造出來的神奇詩章吧！

寧貴兄的《商怨》詩集，我依序往下讀，〈商怨〉、〈貂蟬〉、〈姜太公〉，及詩記戰爭和佛法，想像力都有所發揮。但本章選幾首在想像力的培養上，算是比較接近前述「不合法的配偶和離異」，合乎「追求遠取譬式的想像」的作品賞析，〈洗臉記〉。（註④）

那天早晨，當他
端出一盆水準備洗臉
一俯身，突然
臉掉進水裡了

「啊！」
他驚慌失色地大叫起來
但見臉在水中，搖搖晃晃
漸漸擴大，漸漸碎去

他於是緊張地伸出雙手去撈
撈起來的
卻不是令他日夜懷念的那張臉
而是一陣陣寒意襲來
使他莫名其妙地顫慄不已

匆匆把水潑向曬衣場
仔細地找了老半天什麼也沒發現
他不禁喃喃自問道：「我的臉呢？」

這首詩感覺起來，有兩個完全相異面向的解讀，第一是幽默的，這是一齣幽默諷刺劇，若能找一位默劇演員來展演，就成為詩劇，一定能讓觀眾笑翻天。而演員對這詩的詮釋也可以有不同方向，幽默的諷刺現代人，每天都「神經兮兮、找不到自我」；也可以朝鬼（詭）異方向詮釋，怎麼一早就碰到鬼！或一個心中有鬼的人，成天心神不寧，疑神疑鬼！都極有戲劇效果和張力。

第二層解讀是完全放棄幽默感，發展恐怖感，就像在看一段鬼片。或許有的讀者有第三、四種感覺，現代社會每個人白天和晚上有不一樣的臉，上班下班臉不一樣，面對不同的人也有不同的臉，君子土匪色狼同在一張臉。因此，有很多人，始終找不到自己的臉，不知道自己「本來面目」是什麼？於是，他每天總要神經兮兮的自問：「我的臉呢？」賞讀〈嘔吐〉。（註⑤）

有一天，他喝得酩酊大醉
但是卻很快樂，因為
他可以趁機吐掉，吐掉平時
不敢吐的東西

睜開眼，天旋地轉
兩路旁的電線桿，向他
猛衝過來
踉蹌地倒退三步
閉上眼，清清楚楚地
聽到血液奔流在體內的聲音

醉了吧醉了，真的
他緊緊地抱住淒涼的夜色
他想嘔吐
吐出腸吐出肺
吐出不可說的絕望
於是撞入浴室

打開嘴巴，打開胸膛
打開冰冷的水龍頭
他興奮地取出腸取出肺
一面唱歌，一面洗著

是酒後吐真言，或趁機發洩心中不滿！詩人發揮巧思、想像，整首詩有了「嘔心瀝血」的鮮明意象，詩人「掏心掏肺」「開腸剖肚」，讀者能不感動乎？這是創奇、超越凡常，所創造出來的效果。

喝醉了，「**他可以趁機吐掉，吐掉平時／不敢吐的東西**」。詩句的弦外之意盡出，有很多意涵，話中有話，可見沒有醉，醉只是表象、表演。實際上依然清醒、理性，「趁機」乃是判斷當前「戰略態勢」所要採取的有利作為；吐出平時不敢吐的東西，那「東西」是什麼？不外乎是各種內心苦悶或不滿等，對政治不滿，對親人中的某某不滿，乃至對某長官、工作、升官……各種不滿。其實不滿是一種進步的動力，詩人最後因不滿而昇華了。詩的起頭，先來個引子。

「**睜開眼，天旋地轉……聽到血液奔流在體內的聲音**」。大約是醉後醒來的感覺，酒力未退，天旋地轉，內心感慨萬千，有很多話想說出來，不吐不快。「吐出腸吐出肺/吐出不可說的絕望」，一定有什麼事讓人絕望！人的一生總會碰上一時叫人絕望的事，要把「絕望」吐掉，人生才有希望。

最後，詩人把「絕望」吐掉了嗎？「於是撞入浴室/打開嘴巴，打開胸膛……一面唱歌，一面洗著」。絕望並不是被吐掉，而是被自己消釋、化解掉了，甚至昇華了。絕望為什麼可以被昇華？這表示詩人的很快轉念，人生有苦，但可以把「吃苦當吃補」，煩惱便成菩提，詩人的人生修行是有功力的。賞讀〈空酒瓶〉。（註⑥）

1

茶几上一只空酒瓶
站立著，像用一條腿撐起體重
沉思的鷺鷥

鷺鷥沒有想飛的樣子
牠似乎依然陶醉在某種芬芳裡
但是，這只酒瓶的確是空的

無可否認，一場大醉過去了
酒的芬芳再也不能吞食我的名字
喝剩的，僅僅是茫茫然
徘徊在空酒瓶裡的
我

2

深夜，空酒瓶呼喊著渴
張開口，仰起頭
便打起呵欠來

把它握在手中
突然爬出來，莫名其妙的悲哀
像一隻螃蟹，伸出銳利的前足
緊緊地，箝住我的無名指

我想，明天是否應該
把一株黃色的野菊花
種在瓶口，讓它
長出另一種芬芳

慢慢賞析這首詩，是否感覺幾分鬼異、奇幻，乃至像是幻術，深夜空酒瓶喊渴，張開口打起呵欠來，豈不見鬼！說是空酒瓶，既非空酒瓶，是這首詩創新創奇的地方，打破尋常的思維邏輯，給人讀起來才有異樣的感覺，並有寬廣的想像空間。

「茶几上一只空酒瓶」，是很平常也不值一提的事，然而，詩人一起頭就指出空酒瓶，且話頭一轉，「站立著，像用一條腿撐起體重／沉思的鷺鷥」。原來這空酒瓶象徵一個人，一個剛喝過酒醉過的人，是詩人嗎？一雙醉眼看著空酒瓶，「鷺鷥沒有想飛的樣子／牠似乎依然陶醉在某種芬芳裡……」醉眼看什麼像什麼！空酒瓶就是自己，「喝剩的，僅僅是茫茫然／徘徊在空酒瓶裡的／我」。或許，也在述說自己一段天天與酒為伍，年輕時曾經荒唐的歲月。

「深夜，空酒瓶呼喊著渴……」空酒瓶不喊渴，也不會打呵欠，詩人故意製造一些奇幻情境。「把它握在手中／突然爬出來……」這裡又製造鬼異情境，弦外之意應都是突顯人生的無聊、荒唐，三更半夜睡不著的某種奇異心思。

最後也以無聊、荒唐收尾，「我想，明天是否應該／把一株黃色的野菊花……」種在瓶口，不久花也死掉，長不出什麼芬芳！這是一個無聊、無意義的動作，在說人生嗎？與存在主義接軌！詩人對存在主義也有相當修煉，還是創造一座奇幻超現實景觀？賞讀〈無奈篇〉。（註⑦）

1

沐浴在水裡的月亮
突然躍出水面
我順手抓去
卻是滿掌空茫

2

一枚枯葉般的臉
在夢裡的溪水中

漂來漂去
手
伸入水中
摸到臉
才知道是冷的

3

他是個
被年輪所困的人
越是感到苦惱
年輪越是把他一層
又一層的包圍起來

所以，他常常告訴別人：
我在吐絲，把自己
裹在裡面，然後享受那種

又是孤獨國裡的一座奇幻小世界，詩人在超現實中享受他的寧靜。人本來都活在現實中，但為什麼人會想要「超」現實？把現實超越、遠離、揚棄！吾以為原因大致有三：㈠對現實不滿，對現狀的否定，故須「超」現實；㈡從科學看出現實現狀全是假相，另有真相，故須「超」現實，以追求或認知真正合乎科學的真相，例如愛因斯坦說的「人類所見時間、空間和物質，全部都是假相。」（註⑧）在當時無人懂也沒人相信，都說是像超現實畫家一樣，無聊的幻想，多年後才被證明是「真理」，是宇宙的真相。㈢如佛法所述「凡所有相，皆是虛妄。」相就是人們在世間所見一切可見可感的「色」（物質）。《金剛經》說：「如來所說三千大千世界，即非世界，是名世界。」即是說三千大千世界（宇宙）並非真實恆常的世界，僅僅是一個假名而已，一切的存在都只是因緣和合的假相。所以《金剛經》最後總結說：「**一切有為法，如夢幻泡影。如露亦如電，應作如是觀。**」這才是我等所要認知的真相，而那些真相竟也都是假相，就把現實所見所感全都「超」了吧！

寧貴兄之所以有一些超現實詩作，部份是對現實、現狀有所不滿，企圖超越或揚棄；再者應與他較早接觸佛法有關。「我順手抓去／卻是滿掌空茫」，大家都活在現實世界，有很多慾望，要追求很多東西，有形的財富無形的名聲等都想要抓住。然而，想抓住的越多，心中產生的空茫感定是越多！

於是，人被現實困住了，被時間、被空間、被慾望、被自己，層層困住。但為了面子，不能說自己被困住，「我在吐絲，把自己／裹在裡面，然後享受那種／無奈的寧靜」，你不相信嗎？

創作、創作，讓想像力在三千大千世界飛翔，盡其鬼（詭）異、超凡、創奇、幻化，必須天底下的唯一，否則就不是創作！

註釋

①曹長青、謝文利，《詩的技巧》（台北：洪葉文化事業有限公司，一九九六年七月），第四章，〈想像——詩的翅膀〉。

②陳仲義，《現代詩技藝透析》（台北：文史哲出版社，二〇〇三年十二月），頁四九。

③同註②，頁四九—五〇。

④陳寧貴，〈洗臉記〉，《商怨》（台北：德華出版社，民國六十九年六月），頁三四—

三五。

⑤陳寧貴，〈嘔吐〉，同註④書，頁四六—四七。

⑥陳寧貴，〈空酒瓶〉，同註④書，頁四八—五〇。

⑦陳寧貴，〈無奈篇〉，同註④書，頁六四—六五。

⑧愛因斯坦確實這樣說，趣者可自行查閱他的文獻資料，不難查知。

第五章　人性探索，永恆生命的追尋

詩人都在寫些什麼？或最常在思索什麼？我一路下來，專心一意讀了林錫嘉、曾美霞、劉正偉、許其正、莫渝、陳寧貴、鄭雅文等各家作品，大致上他們所有已問世的詩作，幾乎全部讀過。我總會思索，詩人們能一輩子不忘初心，一定有他們核心的思考方向，成為創作的主要動力和主線。

甚至老一輩詩壇大師代表作，如洛夫《石室之死亡》、周夢蝶《還魂草》、楊牧《燈船》、鄭愁予《窗外的女奴》、瘂弦《深淵》、白萩《天空象徵》、羅青《吃西瓜的方法》、余光中《白玉苦瓜》、吳晟《吾鄉印象》、席慕蓉《七里香》。這十本詩集是上一代台灣詩壇中之「極品」，出版後「造成轟動、有魅力、有影響力、刺激市場購買慾」的十本詩集。（註①）這些經典詩人們，他們嘔心瀝血又在探索什麼？一首詩的主題有無限多種，但詩人一輩子所探索、找尋，必有其生命主要理路，此應為所有詩人之共相。

我暫名之曰「人性探索，永恆生命的追尋」。

陳寧貴這本《商怨》詩集，近百首詩，主題多元，寫戰爭、佛法、美女、劍客、兵法家、愛情苦樂、修行……經由各種素材組合，從不同層面探索人性（人和自己），追尋永恆的生命，將自己生命的價值「極大化」。這是我觀察所有詩人的「身口意」，見到的「共業」，大家都在努力追求的春秋大業。選幾首阿貴這樣意涵的代表作，賞讀〈捕〉一詩。（註②）

彷彿
一匹狼
潛伏在內心深處的洞穴
等待出擊的時刻
我——一個捕獸者
亦以無限的靜默
等待
牠出擊的時刻

有一天
牠怒吼一聲
向我撲來，盜食著
我的慾望
於是，我的雙眼
開始朦朧了，我的聽覺
祇剩下一絲慘叫
我亦怒吼一聲
向牠撲去
天啊，牠突然間
消失了。可是劇痛
卻如一條巨蟒，緊緊地
纏住我的淒涼
我雙掌因此凌空

抓去
卻是滿掌的空虛
祇能用來安慰自己

一首詩寫人性善惡掙扎，內心人性和獸性衝突、決戰的作品。以某種野獸影射自己，詩人群中甚為常見，各種動物都有。但以一匹狼影射自身，立即讓人想到台灣詩壇上一位大師級詩人，最有名的一匹狼，不得不先去觀賞那匹狼，以比較二狼。賞讀紀弦〈狼之獨步〉。（註③）

我乃曠野裡獨來獨往的一匹狼。
不是先知，沒有半個字的嘆息。
而恆以數聲悽厲已極之長嗥；
搖撼彼空無一物之天地，
使天地戰慄如同發了瘧疾；
並刮起涼風颯颯的，颯颯颯颯的；

這就是一種過癮。

霸氣，十足的霸氣，真是詩壇「東方不敗」。紀弦比喻自己是一匹狼，狼性本是獨來獨往，象徵自己是特立獨行的詩人。悽厲的嗥聲暗示人生的寂寞孤獨，就是不甘的意向，面對天地而認為空無一物，即目空一切，睥睨萬物；不僅如此，長嗥使天地戰慄，真的是天地臣服於牠（他），頗有一代宗師開宗立派之氣象。做為詩的播種者，有詩人的使命感，獨孤而行，義無反顧，不受外境一切誘惑動心，放任自由，只求過癮，這才是詩人，其他行業諸種人生應如是。

紀弦之狼在曠野，阿貴之狼在心中。「**一匹狼／潛伏在內心深處的洞穴／等待出擊的時刻**」。儘管人類進化已數百萬年，但原始很多獸性並未全部「退化」掉，人性中依然存有獸性元素；部份人透過各種方式修行（宗教或哲學等），讓人性昇華到神性、佛性，如德蕾莎修女、聖嚴法師、星雲大師及更多高僧大德修行者。故，人類的內心世界有三性（獸性、人性、神佛性），修行者有較多神佛性，各類罪惡犯人有較多獸性，多數人有較多的人性含量。惟可以確定的，人終其一生都在三性之間掙扎，隨時隨地都可能犯下任何的錯，一匹狼從內心出擊（犯錯）。只有一種人不必憂心有狼自內心深處的洞穴奔出——死人，所有活著的人都要小心，一失足成千古恨。所以，孔子才說要如履薄冰，如臨深淵，確保內心之狼不會竄出。

人人內心都有一隻狼，即有狼，很難永遠被關住，牠竄出來很危險。於是，詩人隨時得準備捕獸，「我——一個捕獸者／亦以無限的靜默／等待／牠出擊的時刻」。正是所謂有備無患，詩人心中之狼到目前為止，仍被牢牢關住，明日則難說，未來是不確定的，總要小心！

人的耐性有限，不易持之以恆，堅持一生更是難，所以心中之狼隨時會竄出，你受不住誘惑就要犯錯，貪瞋痴慢疑、美色、財富等諸「獸」，被狼指使，亦向你圍攻，你還能抗拒乎？你能不投降乎？「有一天／牠怒吼一聲／向我撲來，盜食著／我的慾望」。撲來的不論是白花花的銀子，還是絕世美女，「於是，我的雙眼／開始朦朧了，我的聽覺／祇剩下一絲慘叫」，詩人動心了？眼前有了朦朧的美感吧！

我就說嘛！詩人也是人，活生生有血有肉的男人，怎能擋住所有的誘惑？尤其現代社會誘惑太多了。擋不住也得擋，在君子和罪犯之掙扎著，可能要默念《心經》增強戰力。「我亦怒吼一聲／向牠撲去／天啊，牠突然間／消失了……」表示人心中的獸性（含各種執著的慾望等），幾乎是不可能完全消除的，「牠」來無影去無蹤，就是隨時隨地要小心！

人生要面對很多正邪、善惡之戰，人性又很弔詭，追尋永恆的生命，必須很堅持、很辛苦，是一條沒有盡頭的修行路。有許多慾望和執著，「卻如一條巨蟒，緊緊地／纏住我……」不論你如何和牠決戰，總是很難取得決定性戰果，所得只是滿掌空虛。人生，到底是存在主義的「無」，還是佛法的「空」？

同是兩匹狼，紀弦要縱放於荒野，阿貴要關入內心天牢，縱放者是霸王，關牢者是君子或修行者。不知讀者你心中之狼如何處置？才能有益於永恆生命的追尋。賞讀〈黑貓〉。（註④）

1

一隻黑貓
竊食了亢賁的慾望
站立在牆角
綠色的目光穿過
黑漆漆的夜色

牠的身手
逐漸溶解成夜
——多麼騷動不安的夜啊！

2

貓
是一種暗示
也是一種預言
牠悄悄地移步
享受
不太如意的——生命

3

即使我打坐成
頑固的寧靜
牠也不會放過我

牠勢必一躍
撲進我內心無人注意及的
焦慮

4

貓的目光
乍然如閃電
迅速地切開夜色
夜的伸吟
從我的口中顫巍巍地
跳出來

貓以其詭異鮮明之意象，柔媚與「九命」，成為文學詩歌中的「常客」，經由牠進行人性探索或潛意識心理分析，美國詩人小說家愛倫坡，我《華文現代詩》莫渝和劉正偉，都有「貓作品」。（註⑤）詩人寫貓，說是貓即非貓，因為探索的是人性人心，並不是貓性貓心，貓只是詩人的工具，詩人借來一用。

「一隻黑貓／竊食了亢責的慾望……多麼騷動不安的夜啊！」用一隻黑貓象徵人性人慾，很是弔詭，也有些神秘，從古到今沒有任何思想家說得清楚。孟子說人性本善，韓非子說人性本惡，弗洛依德說一切源於性的作用，阿德勒說一切源於自卑感，故人性弔詭又神秘，如貓之詭異誘惑。夜為何騷動不安？夜是愛的溫牀，情話說給夜聽，「壞事」都在晚上發生吧！

「貓／是一種暗示／也是一種預言……」暗示一種性的魅力，所謂「男不玩貓、女不玩狗」，又在暗示什麼？預言什麼？貓對人始終是一種威脅，要如何抗拒貓的誘惑？「即使我打坐成／頑固的寧靜／牠也不會放過我……撲進我內心無人注意及的／焦慮」。能夠抗拒一切誘惑，使貪瞋痴慢疑不找上門的，只有自己的修行功力。然而，不論如何修行，「牠」總不會放過你，乘你弱點顯現時，讓你一失足成千古恨。中國人說「蓋棺論定」是有道理，在生命結束前一刻，任何時段都可能犯下大錯而不自知，詩人有如是領悟，至今尚未犯下什麼大錯！修行路上如履薄冰，如臨深淵的精神，甚為可敬！

「貓的目光／乍然如閃電……跳出來」。貓的目光是什麼？貓的目光充滿詭媚的誘惑力，連夜色也被「切開」，人當然容易被征服。用修行的功力，克服「牠」吧！賞讀〈岸〉。（註⑥）

彼岸無岸。強名曰岸。
岸無成岸，心止即岸。
（般若波羅蜜多心經）

有一頭獸
潛伏在內心深處
日益兇猛
最近，牠常在我的
胸膛怒吼，尤其到春天
更不分晝夜了

我開始感到煩惱
經常下決心要捕殺牠

直到有一天
我已白髮皤皤
才恍然大悟地，自言自語：
「原來我就是那頭獸啊！」

又有一頭獸潛伏詩人心中，到底人心中住著多少野獸？可能像一座「野生動物保護區」吧！說你不信，正是。所以詩人最後結論說：「原來我就是那頭獸啊！」人人心中都住著各種野獸，甚至，很多人就是一頭獸。但這些說法也不全然對，或說根本就錯，是人的一念之迷。

佛法所述「三界唯心，萬法唯識」，是指三界中的一切境界和事物，都是由心識所變現，隨心所變，心中之狼、貓等獸，都自己「想出來」的。因此，《大乘起信論》才說：「**心生則種種法生、心滅則種種法滅。**」由此可見，心中獸根本不存在，只是尚未覺悟時，一心迷亂、掙扎所產生的「假相」。

另在《華嚴經》更說：「**心佛及眾生，是三無差別，諸佛悉了知，一切從心轉。**」我們的心成天在「十法界」（佛、菩薩、聲聞、緣覺、天、人、阿修羅、地獄、餓鬼、畜生）轉來轉去，前四者叫「四聖」，後六者叫「六凡」。這也說明，為什麼人會感覺心中有獸的存在？原來我們心裡有佛也有畜生，所謂「一心開二門」，心的真如門和心的生滅門，即是真心和妄心，這兩個心是一體兩面的。「**諸佛悉了知，一切從心轉**」，十方諸佛都知道，十法界的一切都從心所生，由心變現，吾人善護其心、善調其心、善用其心，轉妄心為真心，轉凡心為佛心。那麼，心中的獸全都不見了！

既然十法界存於一心中，則彼「岸」當然也在汝心中。所以詩人在這首起頭有引子開示曰：「**彼岸無岸，強名曰岸。岸無成岸，心止即岸。**」而吾等常勸人「回頭是岸」，又說「現實的彼岸為極樂淨土」，到達快樂的彼岸，似乎覺得這「岸」在很遠的地方。這就是人心人性的一念之迷，也可見到達「彼岸」，追尋永恆的生命也是不容易的，都要一生堅持，累世因緣啊！

《西遊記》最後有一到達「彼岸」的情節，象徵三藏一行完成永恆生命的追尋，功德圓滿。他們師徒一行快到靈山，被一條河擋住，佛祖駕「無底船」來接引，那唐僧師徒皆上了船，只見上溜頭泱下一個死屍。三藏見了大驚，行者笑道：「師父莫怕，那個原來是你。」八戒也道：「是你！是你！」沙僧拍手也道：「是你！是你！」那撐船的打著號子也說：「那是你！可賀可賀！」（註⑦）

撐著船，不一時穩穩當當的過了凌雲仙渡，三藏才轉身，輕輕的跳上彼岸。原來，那死屍象徵現實世界的「此岸」，而現實的彼岸就是極樂淨土，生命在此永恆的存在！

註釋

①蕭蕭，《現代詩縱橫觀》（台北：文史哲出版社，民國八十九年二月），輯一，〈詩集與詩運〉。
②陳寧貴，〈捕〉，《商怨》（台北：德華出版社，民國六十九年六月），頁五八—五九。
③紀弦，〈狼之獨步〉，引註①書，頁一一五—一一六。
④陳寧貴，〈黑貓〉，同註②書，頁五五—五七。
⑤陳福成，〈那些貓詩，莫渝、劉正偉和愛倫坡的貓〉，《華文現代詩》第十期（台北：文史哲出版社，二〇一六年八月），頁二八—三三。
⑥陳寧貴，〈岸〉，同註②書，頁六〇—六一。

⑦佛祖所駕「無底船」，亦有所本。《大慧普覺禪師語錄・答楊教授》云：「欲來年春夏間，棹無底船，吹無孔笛，施無盡供，說無生話。」又普度禪師圓寂之時作偈：「八十二年，駕無底船，踏翻歸去，明月一天。」

佛祖在接引三藏一行則說：「我這船——鴻蒙初判有聲名，幸我撐來不變更。有浪有風還自穩，無終無始樂昇平；六塵不染能歸一，萬劫安然自在行。無底船兒難過海，今來古往渡群生。」

第六章 愛情，爲什麼常要斷腸？

我在有意無意間，常將讀詩喜好放在台灣男詩人所寫的情詩上，一信、文曉村、三月詩會各家詩人的情詩。近年來研讀我《華文現代詩》各大家詩人情詩，許其正、莫渝、林錫嘉、劉正偉，都有獨特才情所表達的情詩。這些情詩，基本上維持抒情與浪漫風格，絕大多數情詩的基調如是，即不「斷腸」，所以也就不偉大。

檢視東西方能夠留傳千秋的愛情詩歌文學，總因「斷腸」而偉大，似乎不斷腸就不能引千萬人感動，就不能成經典傳世，代代歌頌引人共鳴，令讀者亦斷腸。如《梁山伯與祝英台》、《羅蜜歐與茱麗葉》等，雖已老掉牙，卻還能傳上千百年。但以詩人表達自己的情詩，其詩其人皆能令人斷腸者，古今中外大概非「斷腸才女」朱淑真莫屬了。（註①）她是吾國兩大女詞人之一（另一是李清照，二位都是宋朝人），可惜朱淑真才高命薄，嫁了不配的男人，下場令人堪憐（李清照的第二任丈夫亦是），兩個同病相憐的女人，亦吾國文學史上偉大的詞人。

朱淑真很年輕就抑鬱而終，父母愚昧無知，竟將她所詠文稿，付諸一炬，以致她的詩詞留傳下來不多。幸虧有宛陵（今安徽宣城）人魏端禮，發覺朱淑真才華天成，四處奔走蒐集她的遺作，彙集成書名《斷腸集》，收有二十六闋詞作，但《全宋詞》僅收二十四首。魏端禮在該書序文中，稱揚其「詞文清婉，哀感頑豔，讀之令人斷腸。」引人無限感傷，愛情為什麼總讓人斷腸？

在僅存的朱淑真二十四首（或二十六）《斷腸集》中，沒有一首是快樂的，不是蹙眉，就是孤寂，幾乎沒有不帶「愁」字的。試看這些句子：「應念隴首寒梅，花開無伴，對景真愁絕」；「愁悶一番新，雙蛾只舊顰」；「嬌痴不怕人猜，隨群暫遣愁懷」；「綠滿山川聞杜宇，便做無情，莫也愁人苦」……詩集名《斷腸集》，真的是名實相符，因斷腸而留芳百世。

愛情應該是快樂、浪漫的事，歌詠愛情的作品大多很有感染力，因其抒發人的共感情緒。極少數「斷腸情詩」應屬特例，在陳寧貴《商怨》詩集裡，有三十多首可以定位在「情詩」範疇裡，〈比翼集〉都是情詩。但本章先賞讀幾首斷腸情詩，〈斷腸花〉。（註②）

昔有女子，情人不至，淚灑地遂生此花。
色如婦面，甚媚，名斷腸花。——《採蘭雜誌》

延著三更走下去
夢便悄悄地來了

月亮從窗口
宛如一條清澈而冰涼的流水
流進來
把她的眼眶和心情濡濕了

輕輕翻身，她知道
一不小心就可能把美夢弄破
所以，在喃喃呼喚的夢裡

她的聲音好遙遠
遙遠得彷彿來自
天
涯

有事問萬能的古哥。斷腸花，學名是 Beaumontia Brevituba Oliv，別名大果夾竹桃、海棠花，夾竹桃科，高大木質藤本，清明花屬植物，為中國特有植物。分布在中國大陸海南等地，一般生長在疏林中，目前尚未由人工引種栽培。另外，也有歌名、小說等，也叫「斷腸花」，想必都和「斷腸」有點想像關係。

幸好詩人不斷腸，而是花斷腸，就不那麼令人堪憐，感染力自然是弱一點。但想像這女子，三更半夜等不到情人，也睡不著，「延著三更走下去／夢便悄悄地來了」，還是同情她，三更過了是四更、五更，情人還是沒來，來的是一場空夢！

「月亮從窗口……把她的眼眶和心情濡濕了」。等不到情人的女人，傳統詩詞裡好像就是一哭收場，最能賺人熱淚。朱淑真《斷腸集》有一首〈生查子〉如是，「去年元夜時，花市燈如畫，月上柳梢頭，人約黃昏後。今年元夜時，月與燈依舊，不見去年人，淚濕春衫袖。」（註③）阿貴布局這首詩，也頗有傳統的斷腸味。

她躺在床上就是睡不著，「輕輕翻身，她知道／一不小心就可能把美夢弄破……天／涯」。情人總是遠在天涯，情話要說給誰聽？夜夜獨守空床真是痛苦，可以學學朱淑真，她有一首〈圈兒詞〉，傳說其夫在外不歸，朱淑真寄了一封書信，正面畫了好幾個大小圓圈，反面才寫〈圈兒詞〉：「相思欲寄無從寄，畫個圈兒替；話在圈兒外，心在圈兒裡；單圈兒是我，雙圈兒是你；你心中有我，我心中有你。整圈兒是團圓，半圈兒是別離，還有那說不盡的相思情，把一路圈兒圈到底。」（註④）假如這樣圈仍「圈」不住所愛的人，想來也只有斷腸了。賞讀另一斷腸詩，〈怨婦〉。（註⑤）

・憶君迢迢隔青天

昔時橫波目，今作流淚泉
不信妾腸斷，歸來
看取明鏡前

——李白〈長相思〉

她把寢室的那扇窗打開來
且讓盼望的眼神流出去，匆匆
在遙遠的地平線上期待
一種痛心的消息

隨即她又把窗關起來
可是盼望的眼神依然徘徊在
窗外。屋裡好寂寞喲
正好釀一壺初戀的酒
喝個酩酊大醉

於是她踉蹌地走出大門
站在一株楊柳樹下
溫柔的柳葉在翦翦輕風中

撫摸著她的相思
突然，黃昏飛上她的臉色
盪漾了她的滿湖春水
包括她自己，沒有人能夠解釋
這朵迅即凋落的冷笑

「她把寢室的那扇窗打開來／且讓盼望的眼神流出去……一種痛心的消息」。傳統詩歌文學中的「怨婦」意象與形像，已然全出，婦女只能在閨閣之內等待，透過窗戶盼望著何時歸來的情郎，「眼神流出去」形容女人內心等人的痛苦煎熬。眼睛乃靈魂之窗，眼神流出去即靈魂飛出去，心兒當然也出去，留在閨房的只是軀殼。

她的魂兒心兒飛啊飛，去找尋久未回家的男人。「在遙遠的地平線上期待」，最後等到的是一種痛心的消息，這裡可能詩人設了伏筆，給讀者多些想像空間。通常等人，如果等不到、無消息，並非是一種痛心，而是無明的失落失望。但「一種痛心的消息」，表示等待有了消息，而且是壞消息，移情別戀愛上小三，才會是一種痛心的消息，別無其他。只有這樣詮釋，才合乎整首詩意，也才能銜接後面三段的情節。

痛心之後，她依然在等待、盼望，但怨婦很快「頓悟、覺悟」了，她喝個酩酊大醉，爽啊！她又走出大門，她的臉上掛著「凋落的冷笑」。此刻，她已不是怨婦，她是勇婦、豪放女。詩人突破傳統怨婦的內涵和結局，這是從傳統元素中加以改造，是想像力的創新。

這首詩的最後好像怨婦要展開「反擊」，「突然，黃昏飛上她的臉色／盪漾了她的滿湖春水……」雖有點黃，但象徵怨婦解放了，她覺得被男人整夠了，現在要主動「修理」男人。凋落的冷笑，一種堅強、自信的表情吧！可能換成男人要斷腸了。賞讀一首不斷腸亦相思的作品，〈長相思〉。（註⑥）

天長路遠魂飛苦
夢魂不到關難山——李白
十年過去了，我依然
是這條小河畔溫柔的垂柳

俯視著不停流的河水
是否從南方
漂來了你的臉

如今，臉不漂來
愛情還能在懷藏的
那面鏡子裡顯形嗎？

不管如何，終有一天
我會把自己折成一隻船
放入時間這條河
天涯海角的尋找你

後記：這是一個非常感人的愛情故事，或許以小說的方式來表達比較恰當，我試以詩來處理，把故事濃縮到一個「痴」字上。

按詩人後記，這應該是一個真實感人的故事，詩人取其意象，以詩表達，詩和小說的表達各有其長短。「十年過去了，我依然／是這條小河畔溫柔的垂柳……漂來了你的臉」，是一對戀人的約定嗎？他去了南方，她在北方某一小村落等待，她堅持絕不變心，依然如河畔溫柔的垂柳，俯視著流水，等待他的出現，等待……

多麼痴情的她，十年等待竟未覺悟，她準備採取積極行動，「我會把自己折成一隻船／放入時間這條河／天涯海角的尋找你」。痴情永不悔，天長相思路，距離斷腸亦不遠，她應是女子中的「徐志摩」。愛情在徐志摩是生命的一切，他在〈致梁實秋的信〉一文說：「我們靠著活命是愛情、敬仰心和希望。」胡適在〈追悼志摩〉一文說：「他的一生是愛的象徵，愛是他的宗教，他的上帝。」在《愛眉小札》裡，徐志摩這樣說過：（註⑦）

戀愛是生命的中心與精華；戀愛的成功是生命的成功，戀愛失敗，是生命的失敗，這是不容疑義的。

如同徐志摩追陸小曼，是絕對，也是必須追到手，否則即表示人生完全失敗。〈長相思〉詩中女子，亦有徐志摩的痴情和決心，等不到他，就採取行動追到他，可敬啊！女中「徐志摩」，希望她不要斷腸。賞讀一首似乎要斷腸而未斷腸的詩，〈相思之窗〉。（註⑧）

打開窗
銀光流進來
眼睛流出去
啊，窗外的世界
亮著琉璃的奇妙
綠色的草原
綠上我的年齡
追逐的風，頑皮的樹
樹在窗外捉風
喜呼呼地叫

窗外是個驚奇的世界
是個喊不出聲的世界
讓琉璃在草原上
滾過來，滾過去
幾隻青色的鳥在飛
一些蝙蝠依然興緻
於這種景色，雖然牠們
眼已盲，翼已倦
但是，牠們知道
知道這個世界在
迎接，在
歌頌牠們

銀光流進來

眼睛流出去
可是，我流不出去
流不出去的，流不出去
窗外似乎有人在叫我的
名字，似乎以某種韻律
刺傷一顆仁慈的心

〈相思之窗〉，表面上看不出誰在相思？或為誰相思，這乃是詩人在思考布局這首詩時，設計了很多空白與空靈空間。這些的「空」，看起來空無一物，主角配角等也不清楚何方神聖！

從想像詩學來解讀這首詩的空白和空靈，要用一支羅門的「想像力鑰匙」，打開詩思邏輯，原來這正是：「放棄對對象屬性之間的相似、相近點的尋求（即放棄「近取譬」的聯想），而努力追求事物之間屬性特徵的遠距離差異，近而作出更為「不合法的配偶和離異」（培根語），即追求遠取譬式的想像，在大幅度分解組合中，創造更高的藝術真實並形成動人的詩意。」（註⑨）按此想像理路，這首詩也有兩把「想像力鑰匙」，一者把世界用二分法切割，成窗內和窗外兩個世界，窗內的一切都在相思著窗外的一切，欲往窗外「流出去」；二者那些「牠」都被關在窗內（籠子、動物園等），牠們被關久了，「**眼已盲，翼已倦**」，但牠們相思著窗外，「**可是，我流不出去／流不出去的……刺傷一顆仁慈的心。**」

這世界上，有很多牠們失去自由，牠們在窗內相思著窗外。人類也被執著、慾望等關在窗內，相思著外面寬廣的世界，外面的世界才是更好美的，那些所有被關住的，都被窗外的呼喚，刺傷一顆仁慈的心。仁慈的心靈皆被刺傷，亦斷腸！

註釋

①朱淑真，號幽棲居士，祖籍安徽歙縣。年代不詳，只知在南宋偏安時，生於杭州仕宦之家，自幼聰慧，好讀詩書。據明儒田汝成著《西湖遊覽志》云：「淑真，錢塘人，幼警慧，善讀書，工詩，風流蘊藉。早年父母無職，嫁市井民家，抑鬱不得志，抱恚而死。」此事可從她的一首〈愁懷〉詩看出端倪：「鷗鷺鴛鴦作一池，須知羽翼不相宜。東君不與花為主，何似休生連理枝。」言明丈夫配不上自己，埋怨老天沒有天理。啊！愛情，不可得乃斷腸，她想要怎樣的男人呢？她及笄之年，曾詠〈秋日偶成〉詩云：「初合雙鬟學畫眉，未知心事屬他誰？

待將滿抱中秋月，分付蕭郎萬首詩。」意下她的心上人，應是才學兼備的如意郎君，豈料事與願違。

②陳寧貴，〈斷腸花〉，《商怨》（台北：德華出版社，民國六十九年六月），頁一一〇—一一一。

③〈生查子〉詞，後人認為可能歐陽修、秦觀或李清照作品，史料難考。原因是詞中有「人約黃昏後」一句，若朱淑真的作品，那表示她偷會情人，不守婦道，有損名節。但深思之，也有不合情理處，假設淑真偷會情人為真，豈能長隔一年不見面？怎能整整盈年不聯絡？當然經常要「待月西廂下」才合情合理。

④這首〈圈兒詞〉也說是後人偽托之作，不是朱淑真作品，也無從查證。

⑤陳寧貴，〈怨婦〉，同註②書，頁一〇四—一〇五。

⑥陳寧貴，〈長相思〉，同註②書，頁一〇六—一〇七。

⑦金尚浩，《中國早期三大新詩人研究》（台北：文史哲出版社，民國八十九年七月），頁二一七。

⑧陳寧貴，〈相思之窗〉，同註②書，頁一一二—一一四。

⑨陳仲義，《現代詩技藝透析》（台北：文史哲出版社，二〇〇三年十二月），頁四九—五〇。

第七章 〈比翼集〉，享受愛情的浪漫滋味

我在寫《劉正偉現代詩賞析：情詩王子的愛戀世界》一書時，依據喻麗清《情詩一百》所述，提示「情詩」的定義，正式界定情詩意涵。（註①）據以研究情詩王子如何創造並享受各式愛情美味，我比較欣賞「喻麗清式情詩意涵」所象徵的愛情觀，不斷腸、不瘋狂、不失常，一切都在和諧中完成圓滿。「我的愛／沸騰在妳的體溫中」（引陳寧貴詩），很浪漫，有性愛的想像張力，雖沸騰卻是人的體溫適度中，這樣的情詩，纏綿、平靜而有真正久遠享受愛情滋味。

另一種「斷腸」愛情，如「徐志摩式愛情」，過度激烈、瘋狂、反常，創造瞬間火山爆發的萬丈光照，吸引萬千男女目光，但高溫也必然對當事兩造和相關者帶來極大傷害，導至愛情美夢在極短時間就破滅了，徐志摩和陸小曼戀愛成功，一個公然奪人妻，一個公然搶人夫，勝利的同時也浮現了幻滅感。愛的烈燄必然逐漸降溫漸熄，平靜中志摩覺出墮落情緒生出，生活不是向上，而是靈性生活有了問題。（註②）這樣的墮落、

幻滅感，很快反映在他的現實生活中，〈生活〉一詩：（註③）

陰沉，黑暗，毒蛇似的蜿蜒，
生活逼成了一條甬道；
一度陷入，你祇可向前，
手捫索著冷壁的黏潮，
在妖魔的臟腑內掙扎，
頭頂不見一線的天光，
這魂魄，在恐怖的壓迫下，
除了消滅更有什麼願望？

這和他婚前追陸小曼的詩，散發的愛情魅力，如天堂與地獄的差別，這是愛情所要嗎？愛情應該是這樣嗎？愛情的滋味又何在？那裡談得上「享受」愛情的歡愉。簡直就是受罪、跳火坑！

相較徐志摩式的幻滅愛情和陳寧貴〈比翼集〉散發的愛情芳香，二者可謂處在兩種極端情境，一在溫馨浪漫情懷中，另是烈火痛苦爐裡燒。所以，讀〈比翼集〉情詩是一種享受，讓愛情也成為一種寧靜的「修行」。

〈比翼集〉共有二十七首典雅的情詩，全收錄在《商怨》詩集中。這些情詩都發表在民國六十六到六十八年的《秋水詩刊》，當時應秋水主編涂靜怡小姐邀請而寫，引起秋水讀者注意喜愛，阿貴也就「醉醺醺」的寫了這麼多有感覺、有味道，尤其有心動的情詩。

必須一提的是，創作情詩的必要條件，即必須有一個「情人」的存在。生活中若無真實的情人，亦可選擇一個「假設情人」，或夢中情人，有了對象（目標），真情才有投射的方向，如是創作之情詩才能有感。喻麗清所提到情詩的三種類型，都是有指涉對象而出。（註④）陳寧貴的「情人」何在？〈比翼集〉的附記說：「當然這些小詩的寫成，少不了吾妻筱鈴帶給我的靈感。」（註⑤）雖然作者並未明言以筱鈴為情人對象，從文意也能理解，是以筱鈴為情人對象而寫的情詩，若無此對象則有情詩意涵的作品無從產出。

情人意涵是情詩組成的「鍗土」，情詩中的珍貴元素，「婚姻是愛情的墳墓」已是眾所皆知的常識，幾可說是公認的「準定律」了。明白的說，能維持夫妻又是情人，萬中不得其一，勉強可以保留一點點情人味道和想像，或許能有千中得一，還是很珍貴的。筱鈴能帶給阿貴「情人」的靈感，難怪這些情詩叫〈比翼集〉，「在天願做比翼鳥、在地願做連理枝」，人間幸福美滿之最。讓詩作散發愛的情味。本章隨機選讀幾首，〈熨〉。（註⑥）

妳說呀妳說，筱鈴
夜深了
請妳談談
我身上的年輪好嗎？

請再用妳的掌心
把溫柔
輕輕地覆在我的額上
像熨斗般
熨平我心裡的皺紋

妳將突然感覺到
我的愛
沸騰在妳的
體溫中

第一段「請妳談談／我身上的年輪好嗎？」意象指涉不太清楚，不外乎是年紀或白駒過隙。但這裡重點是「妳說呀妳說，筱鈴／夜深了」，三更半夜，小倆口不睡覺在做什麼？不外說些情話。「請再用妳的掌心……熨平我心裡的皺紋」，女人要聽情話，男人要聽安慰的話，「心裡的皺紋」大概是心中的不平，也需要情人來安慰，男人有時也是脆弱的。

情話說得差不多了，「妳將突然感覺到／我的愛／沸騰在妳的／體溫中」，愛情的意涵在最後「修成正果」，愛的滋味由此散發出來，想像力也有了擴張。賞讀〈心情〉。

（註⑦）

蝴蝶般的心情

飛上妳的臉
妳的臉
乃開放在春天裡的一朵花

於是
蝴蝶採得滿懷甜情蜜意
在妳的臉上
種植另一種嬌艷

正是喻麗清的第二類情詩，歌詠情人音容笑貌表情動作等。（註⑧）用蝴蝶意象形容情人心情，最為可愛活潑，再使蝴蝶飛舞的動態美感在情人臉上採蜜，又把情人的臉轉化成春天裡的一朵花。真是極盡「情人眼裡出西施」，妳是我的寶貝，使情味十足濃密而芳香。

第二段為情人的內在性格和外相姿態，內外美感定位於「嬌艷」，嬌者乃嬌羞柔媚可愛也，艷者乃姿色美麗動人也。有情人如是，這男人夫復何求？想必他一生的自我實

現應已完工九成了。賞讀〈寂靜〉。（註⑨）

今夜，我將化作一隻鳥
銜著相思，飛入妳心裡的那片
無邊、無際、無聲、無息
的森林裡去
去品嘗甜情
去領悟蜜意
直到這片寂靜
靜成火裡的月亮

詩寫「寂靜」很難，並非無聲無息就是寂靜，必須躲入深山才能靜不是真寂靜，回到紅塵又煩鬧。如陶淵明「結廬在人境，而無車馬喧……」（〈飲酒〉）才是文學史上公認真寂靜之意境典範。也就是說，詩中沒有任何動作動態，只是「死寂」而不是真實的寂靜或靜謐；在內外動靜環境中，取得身心靈的平衡和諧靜心，才是寂靜的意境。如杜甫〈題張氏隱居〉：「春山無伴獨相求，伐木丁丁山更幽」；王維〈鹿柴〉：「空山不見人，但聞人語響」。凡此，以動寫靜，身心靈同時達到安恬閒靜的狀態，寂靜又融和禪意，境界就更高了。

把夫妻的閨房之樂用寂靜詩寫，想必是空前的唯一，我所知傳統或現代詩人，以寂靜形容情人在房間裡做愛做的事，未見有如是手法，阿貴是創意創舉。

〈寂靜〉詩意浪漫婉約，亦有鮮明的性愛想像。這首詩對男女愛意表達可謂圓滿成功，關鍵就在「以動寫靜」。閨房之樂必有很多和緩到激情的動作，這些動作都在無聲無息中完成，兩造溝通完全不需語言，以心傳心，真乃「天作之合」。賞讀〈心窗一輪月〉。（註⑩）

妳知道嗎
我心裡的窗口
經常掛著一輪月亮
三更

我面向月亮說一些
夢般的語言
月亮就會變得越來越
亮

妳知道嗎
這月亮就是
妳

典雅、自然的小品，心中總是想著妳，妳如一輪明月，意象鮮明而溫柔，是情人之間的相思才有的感覺。而這相思，不苦不痛，自然流露典雅如夢的柔和之光，尤其到了夜晚，夜深人靜，「我面向月亮說一些／夢般的語言／月亮就會變得越來越／亮」，情話皆如夢，甜言蜜意就在如夢情境中生出。

「妳知道嗎／這月亮就是／妳」。淺白的三行十字，意涵無限的愛，原來妳是我心中的月亮，永遠「高掛」在心中。高掛表示一種地位，因為愛提昇了重要性，所以她也

越來越亮。賞讀〈水月〉。（註⑪）

我曾經告訴過妳
妳就是水裡的月亮
有一天妳問我
水在那裡呢？

我笑起來
妳說
我的笑聲裡能聽到奔流的水

於是我反問
水在那裡？
妳說
別在瞞我了

你就是那片無邊深情的水啊

情人的漾態真是無限美，亦無限多，飛舞的蝴蝶，春天裡的一朵花，心窗一輪月，現在形容情人是無邊深情的水，以上各種都是女人常有意象。暗示這心上人，乃集一切美好於一身，更柔情似水，故能得到這男人全部的愛，使這男人心中只有她，幸福美滿啊！

從以上這些情詩表達的情意詩意，似乎讓我覺得「婚姻是愛情的墳墓」，還是不難找到例外。在現代社會經營婚姻關係很困難，能是夫妻又是情人，可謂是幸福圓滿。中外歷史上最讚頌婚姻的價值的，是馬丁路德（Martin Luther, 1483-1546），他說：「沒有任何愉悅、融洽和迷魅的關係以及交心或陪伴，能比得過美滿的婚姻。」（There is no more lovely, friendly and charming relationship, Communion or company than a good marriage.）（註⑫）路德所述愉悅、迷魅、美滿的婚姻關係，就在這情詩裡意境，境中男女兩造正是，夫妻享受著愛情的浪漫滋味。

註釋

①喻麗清，《情詩一百》（台北：爾雅出版社，民國七十二年一月一日，三版），頁一—一四。
②劉心皇，《徐志摩與陸小曼》（台北：大漢出版社，民國六十七年八月十五日，二版），頁一五六—一五七。
③徐志摩，〈生活〉，徐志摩詩選，《我是天空裡的一片雲》（台北：格林文化事業股份有限公司，二〇〇〇年六月），頁一一七。
④同註①。
⑤陳寧貴，《商怨》（台北：德華出版社，民國六十九年六月），頁一五四。
⑥陳寧貴，〈熨〉，同註⑤書，頁一三七—一三八。
⑦陳寧貴，〈心情〉，同註⑤書，頁一三三—一三四。
⑧同註①，頁七。
⑨陳寧貴，〈寂靜〉，同註⑤書，頁一三六。
⑩陳寧貴，〈心窗一輪月〉，同註⑤書，頁一三八—一三九。
⑪陳寧貴，〈水月〉，同註⑤書，頁一四四—一四五。
⑫林一平，〈宗教改革者〉，《人間福報》，二〇一六年十二月二十七日，十五版。

第八章　遠離生命線外的浪漫，再賞徐志摩陳寧貴詩

如果把陳寧貴的情詩拿來和徐志摩做比較研究，二者正好是兩種極端，他們所呈現出來對情人的追求，對愛情的詮釋和找尋，乃至「享用」的態度，也有如天堂和地獄之別。更像戰爭與和平，兩個不同的世界，甚至根本是生和死的兩條路。

徐志摩式的愛情是一種「零和遊戲」，戰爭和民主政治上的選舉都屬零和遊戲，只有勝敗、生死、有無、是非，是二選一「終極決戰」。所以，讀徐志摩的情詩，強大的感染力外，也產生強大的壓力。

陳寧貴式的愛情，是一種「和諧共贏」，沒有戰場上那種兵燹險相，亦無為追求而生的爭奪手段，而是一種主客觀環境平衡下，二人心靈的自然融和。不爭而有，不奪而得，所以愛情的醞釀過程，沒有壓力，讀這樣的情詩讓人也感受到愛的滋味，身心靈也閒適起來了！

兩種差異性極大的作品適合作比較研究，我為何說徐志摩的愛情是在「生死線上掙扎」？他有不少情詩描述著這樣的戰場情境，如兩軍作戰，非生即死，非死即生的零和選項，壓力可謂無窮的大。如這首〈決斷〉。（註①）

我的愛：
更不可遲疑；
誤不得
這唯一的時機，

天平秤——
在你自己心裡，
那頭重——
法碼都不用比。

你我的——

那還用著我提？
下了種，
就得完功到底。

生、愛、死——
三連環的迷謎；
拉動一個，
兩個就跟著擠。

老實說，
我不希罕這話
這皮囊，——
那處不是拘束。

要戀愛，

要自由，要解脫——
這小刀子，
許是你我的天國！

可是不死
就得跑，遠遠的跑；
誰耐煩
在這豬圈裡撈騷？

險——
不用說，總得冒，
不拼命，
那件事掌得著？
看那星，

多勇猛的光明！
看這夜，
多莊嚴，多澄清！

走吧，甜，
前途不是暗昧；
多謝天，
從此跳出了輪迴！

不得不承認，這樣的作品有極強大感染力和鼓動力，如鼓動革命造反那樣的力量。相信，任何女子（不論已婚、未婚），讀了〈決斷〉，可能就決斷起來，誓死和他「私奔」了。可能詩涵這種動能，徐氏情詩已成近百年來的傳奇，是新詩人的典範代表，但我總覺如是愛情像戰爭，這樣的情詩如「戰歌」，掙扎在戰火裡，分秒都在做生死的二選一，若是讀者你，將如何下這決心？——千古堅難唯一死！

「誤不得／這唯一的時機」，戰場上兩軍爭勝，就看那一方能把握戰機，跑了戰機，只得吃敗仗，故誤不得！

「下了種／就得完功到底」。何謂完功？何時才算完功？還有，下了種，種可以亂下嗎？下了種叫人選擇，應該受到批判！

「生、愛、死……」。愛情為何像上「梁山」？怎需要做生死的二選一，已失愛情的浪漫，亦失情詩的美感。讓生愛死三方決戰，很殘酷！

「要解脫／這小刀子／許是你我的天國」。這是徐氏版「殉情記」嗎？情詩竟也把刀子亮出來了，實在不可思議。愛情需要動刀嗎？更不需急著去天國，這裡聞不到愛情美味，只有死亡滋味！

「可是不死／就得跑……在這豬圈裡撈騷？」好像非死不可了！否則生活如豬。怎會？萬法唯心識，一切是過於執著的結果。

「險／不用說，總得冒／不拼命／那件事掌得著」。把一件事做好有很多方法，何需用險？何需拼命？

愛情談到這「境界」，實在只剩下痛苦，愛情的浪漫喜悅流失不存。就看〈決斷〉一詩，有鼓勵殉情之嫌。他的另一首詩〈這是一個懦怯的世界〉，則已公然要求女子（陸

小曼）殉情。（註②）

這是一個懦怯的世界：
　容不得戀愛，容不得戀愛！
披散你的滿頭髮，
赤露你的一雙腳，
　跟著我來，我的戀愛，
拋棄這個世界
殉我們的戀愛！

我拉著你的手，
愛，你跟著我走：
　聽憑荊棘把我們的腳心刺透，
　聽憑冰雹劈我們的頭，
你跟著我走，

我拉著你的手，
　逃出了牢寵，恢復我們的自由！

跟著我來，
我的戀愛！
人間已經掉落在我們的後背——
看啊，這不是白茫茫的大海？
白茫茫的大海，
白茫茫的大海，
　無邊的自由，我與你戀愛！

順著我的指頭看，
那天邊一小星的藍——
　那是一座島，島上有青草，
鮮花，美麗的走獸與飛鳥；

快上這輕快的小艇，
去到那理想的天庭——
戀愛，歡笑，自由——辭別了人間，永遠！

詩語言有很多解讀，比喻、象徵、暗示等，故說死未必是真死，只是作者感情心意的表達，還是一種詩言志之表述。如這詩裡「殉我們的戀愛」……去到那理想的天庭，已然可以感受到絕望和痛苦，讀者賞閱這樣的詩，如何感受愛情的美味？情詩的美感又何在？儘管徐志摩陸小曼的愛情故事已成傳奇！他的情詩已是典範！

賞完戰場上的「戰歌」，看過為愛情在生死線上掙扎的情侶，再來欣賞遠離生死線上，平靜平和閒適的愛情，如是情詩，讓人身心靈都處於平衡狀態。這才是愛情，這才是情詩；愛情不要有硝煙味，才見其美，也才是滿足和享受，閱讀情詩樂趣在其中。賞讀阿貴這首〈喚著春天的詩句〉。（註③）

翻開

妳的記憶
我是，站在第一頁
喚著春天的
詩句。像邱比特的翅膀
撲打著

妳變出無窮的
臉色
啊！愛情
一瓶陳酒，當我開啓
逸出的芬芳中
猶隱隱聞到，擁抱妳時的
體香

「翻開／妳的記憶／我是，站在第一頁……」這小倆口定是青梅竹馬，他是她的記憶裡，從小喜歡的男生，否則便不能說站在第一頁。記憶中的認識，都像喚著春天的詩句，等於邱比特幫他們訂下愛的約定。戀愛在自然環境裡醞釀成一瓶陳酒，不須「拼命」！

戀愛過程中，「妳變出無窮的／臉色／啊！愛情」。這裡可解讀成女生多變或女大十大變，但這便是愛情，甜味吃多了會膩，不時總有一些酸、醋、麻、辣……經過時間沉澱與發酵，最終成為一瓶陳酒。「逸出的芬芳中／猶隱隱聞到，擁抱妳時的／體香」，極有媚力和想像的結尾，使情詩情味盡出。

最後「體香」二字用的很含蓄。通常擁抱女生聞到的是髮香，體香則閨房之樂才有，故「不著一字、盡得風流」，詩句中不著一與「那事」有關之字，本質詩意已盡知就是那事，美感和想像由此而生。賞讀一首〈信〉。（註④）

展開信
一陣芬芳
把我捲入愛的消息裡

妳說：「我們種的愛情
　　又長高了不少。」
我禁不住告訴妳：
　　「有一口井
　　日日夜夜都叫著渴
　　守著美麗的等待。」
妳驚喜道：「看哪！
　　那口井名叫寧貴。」

早年沒有電腦，電話也稀少，情人談戀愛全靠寫情書的功力，情書寫得好對戀愛是大大加分，早年甚至書店有很多情書「參考書」，寫情書談戀愛是必修課。能寫一封好情書，對已婚夫妻也是維繫情感的妙方。〈信〉正是情書的詩化表現，書信對白，但詩意很濃，用字巧妙，雙方都道出浸淫愛情的美妙感覺，享受在愛情的溫柔與浪漫中。

把我「捲」入愛的消息，捲字暗示一種力量所引起，只不過「展開信／一陣芬芳……」以前情侶用信封信紙漂亮又有香味，加上愛情的加持，成為很大的力量。而「我們種的愛情／又長高了不少。」這「種」字亦妙，讓想像張開了翅膀，「日日夜夜都叫著渴」，渴字用的也很神。女生的回答是「看哪！／那口井名叫寧貴」，也給男生暫時「解渴」了。賞讀〈今天要回家〉。（註⑤）

下班後
仍和疲憊追逐
趕上一點也不欣欣的欣欣客運車子
在北門，又被一群人
擠入冗長而苦悶的時間隧道裡
到竹圍站，下得車來
幸福的陽光燦爛雙眸
曾是浪子，如今爬上四樓的家

妻立家門，早已送來飯菜香
晚餐，飯桌上
最下飯的卻是
妻的微笑

這首詩的靈魂是末兩行，「最下飯的卻是／妻的微笑」，幽默而有詩的張力，詩意的散發和想像，到此才形成。妻的微笑，象徵一個溫馨的小家庭，裡面充溢著甜蜜的愛意；反之，若妻不笑，這下可麻煩了，詩句亦失去靈魂，只剩形式。

好詩必在生活中取材才見其自然，所謂「俯拾即是，不取諸鄰。俱道適往，著手成春。」即是說人生的吃喝拉撒入詩，從實際生活自然生出的靈感，作品就美好如春也。

〈比翼集〉近三十首詩，基本上是兩個情侶（或假設）曬愛情，享受著愛情的浪漫滋味。除已例舉賞析外，〈夢境〉、〈眸中〉、〈消息〉、〈停泊〉、〈春夢〉、〈心路〉等，都是典雅又浪漫的情詩小品，相較於徐志摩詩，遠離了生死線，沒有煙火味，適合取來下酒或佐茶，消磨寂靜的夜晚。

比較兩家詩作，並非比較好壞，乃比較其風格內涵給讀者不同的感受。畢竟，兩家所處時代背景、詩人成長都不同，故無好壞之別。徐志摩的愛情與情詩，是「理想主義的浪漫主義者」；陳寧貴則是「務實主義的浪漫者」，他浪漫而不「主義」。

註釋

①徐志摩，〈決斷〉，劉心皇，《徐志摩與陸小曼》（台北：大漢出版社，民國六十七年八月十五日），頁八四—八八。

②徐志摩，〈這是一個懦怯的世界〉，徐志摩詩選，《我是天空裡的一片雲》（台北：格林文化事業股份有限公司，二〇〇〇年六月），頁三五—三六。

③陳寧貴，〈喚著春天的詩句〉，《商怨》（台北：德華出版社，民國六十九年六月），頁一四八—一四九。

④陳寧貴，〈信〉，同註③書，頁一四九—一五〇。

⑤陳寧貴，〈今天要回家〉，同註③書，頁一四五—一四六。

第九章　生命的焠煉，以淨身修行

陳寧貴自從民國六十九年出版《商怨》詩集，此後三十多年就再也沒有詩集面市，世上市場留傳著他唯一的詩集，據聞已成稀有珍品，每本價格上看四位數。惟「價格」應是建立在「價值」上，《商怨》詩作，如我深入理解研究的各章，不少作品確實可以經得起「時間判官」的考驗。難怪著名女詩人、主編《秋水詩刊》四十年的涂靜怡稱他是「詩壇才子」、「全才詩人」。（註①）奇的是，阿貴兄詩集未出，小說、散文、兒童文學創作出版量，甚為豐富（詳見第一章）。

二〇一四年五月開始，阿貴成為《華文現代詩》同仁後，每一期都有作品發表，這些作品正好可以銜接青年期的《商怨》詩作，以觀其中壯年期的文學詩歌理念和成就。阿貴今年（二〇一七）六十三歲，往後的創作變化不大，除非有重大「頓悟」產生。是故，從《商怨》到《華文現代詩》，已幾可窺其現代詩創作之全貌。以下各章都針對阿

貴發表在《華文現代詩》的各類作品，介紹賞析，賞讀〈淨身〉一詩。（註②）

我漂流著，在喧鬧大河
市場急急切切叫賣聲中
人與人的靈魂，急速碰
撞出忽明忽暗似曾相識火花
彷佛紛紛墜入河中
淨身的星光，傾聽
叫賣聲中隱隱約約聽見誰被
出賣了

此刻，洗衣機般，轉動七情
六慾邪思衣裳，搓揉
天翻地覆，搓
揉出千色萬彩的泡沫

一雙雙美艷的眼睛在
泡沫裡微笑，魅惑
你我神魂顛倒直到
一個個泡沫破滅
七情六慾頓時被黑暗擊昏
墜入一片混沌
空虛終於
來襲

我一路賞讀並深入思索阿貴的詩作，研究他的創作理路，從他二十六歲出版《商怨》詩集，到現在六十多歲的作品，發現他從年輕時代對佛法頗多理解和領悟，這表示他的思想是比較親近佛法的。這首〈淨身〉還只是在隱約中，用一些佛法的理念詩述人生在這紅塵世界的掙扎與修行。

「我漂流著，在喧鬧大河……彷佛紛紛墜入河中」。這裡的我漂流著可以有很多解讀，在世界各地旅行，在社會各角落流浪，不論自主或非自主都可以說「漂流著」。但

〈淨身〉詩意有佛法意涵，這個漂流指人在紅塵惡世和六道中漂流，這種漂流如在喧鬧的大河中，眾生就在這河裡浮浮沉沉。所謂六道，含三善道（天、人、阿修羅）和三惡道（畜生、地獄、餓鬼），此六道都尚未脫離輪迴，一直輪迴，故說漂流。但以投胎人道成為人身最難得，在人道過程中，雖「人與人的靈魂，急速碰……出賣了」，人道中雖有很多沉淪墮落，惡行惡事惡人，也最有機會看見「淨身的星光，傾聽……」人道難有，人身難得啊！

在佛法《阿含經》有一則海龜喻，以喻人身難得。大海中漂流著一隻盲龜，每百年才浮出水面一次；大海中有一根浮木，浮木有個洞，盲龜必須遇到這根浮木，而且頭正好要穿出浮木的小洞。這是成為人身的機率，是多麼的渺茫，因此佛陀進而說：「得人身如爪上泥，失人身如大地土」，失去人身很容易，想得人身很困難。所以古德常勸人云：「人身難得今已得，佛法難聞今已聞，此身不向今生度，更向何生度此身？」我們不把握今生得度因緣，要等待何時呢？

詩人定是親近了佛法，了解這個道理，迫切的要淨身、修行，有了這個心思，「此刻，洗衣機般，轉動七情／六慾邪思衣裳，搓揉／天翻地覆，搓……」。好像洗衣機要洗掉污濁一樣，詩人也要經由修行，淨化人的七情六慾邪思邪見等。但談何容易？人性有很多濁惡，如貪瞋痴慢疑等，都讓人「天翻地覆，搓／揉出千色萬彩的泡沫」，各種打擊、掙扎，時刻都存在。幸好詩人修行已算小有功力，他領悟到《金剛經》四句偈：「一切有為法，如夢幻泡影，如露亦如電，應作如是觀。」因此，就算美色當前，「一雙雙美艷的眼睛在／泡沫裡微笑，魅惑／你我神魂顛倒直到／一個個泡沫破滅」。詩人堅持淨心淨身，終於戰勝了那些誘惑，那些誘惑不過是夢幻泡影，只要修行有信心，泡沫瞬間一個個破滅。

修行有成，身心淨化，「七情六慾頓時被黑暗擊昏／墜入一片混沌／空虛終於／來襲」。為何？修行有成，卻墜入一片混沌，空虛來襲。因為修行雖初步小成，距離菩薩道、佛道則尚不止十萬八千里，成佛還早得很。所以在一片混沌中，是虛還是空？心中尚有疑惑啊！

這首詩透過洗衣機功能的比喻，人的修行也一樣是把不好的東西洗掉，發揮了想像力的密度。陳寧貴的洗衣機正好和羅門的「洗衣機」，同工異曲之妙，二者都讓想像長出了大翅膀，比較賞讀羅門的〈教堂〉。（註③）

那是一部不銹的鋼洗衣機

經過六天弄髒的靈魂
禮拜日都送到這裡來受洗

唱詩班的嘴一張開
天國的電源便接通了
牧師的嘴一張開
水龍頭的水便滾滾下來
在布道詞回蕩的聲浪裡
受洗的靈魂　漂白又漂白
如果有什麼不潔的
更是自目中排出去的那些
不安與焦慮　迷惘與悔意

羅門和寧貴的洗衣機其實「功能」相同，洗的對象一樣是人身上各種內外不潔物。所不同的是背景環境，羅門是西式基督思維，寧貴是中國佛教邏輯；詩藝技巧亦有差別，羅門用負面反諷，阿貴用正面比喻。〈教堂〉一詞的想像密度也如天方夜譚，把教堂想像為不銹鋼洗衣機，正是羅門的「獨門秘方」，「追求事物之間屬性特徵的遠距離差異，追求遠取譬式的想像。」（註④）唱詩班的嘴一張開——天國的電源；牧師的嘴一張開——水龍頭的水。不管怎麼洗，六天後又髒了，似乎人在紅塵是永遠不會乾淨的，不管怎麼漂白還是有不安和焦慮。人在紅塵，要修行（洗）到有境界，何其不容易！須要慧根！賞讀〈纏禪〉。（註⑤）

憂鬱，是一隻艷麗的蒼蠅
在大腦新皮質裡，閃著銳利的光
迷路失速，嗡嗡騷鬧竄飛

夜裡，企圖以安眠藥
降服牠，牠卻
複製出千千萬萬的幻覺
喚醒你繽紛燦爛的慾望

將目光猛力擲向天窗
以為就能將那隻艷麗的蒼蠅
驅逐出去，剎時
你看見滿天的星星
向你飛奔而來，竟是一隻隻
更艷麗的憂鬱

你以靈魂出竅的方式
走入喧囂的人群
你看見你站在
從高樓掉落的
陰影下窺視著
你認識的那個美麗女孩

還在人群裡
你大聲呼喚她
但是聲音無法接近她
這時你才想起
那已經是三十年前的事了

你的呼喚
在時間的叢林裡
不過是一小枚
尚未落地的枯葉

題解「纏禪」二字，或有兩解，一者纏字當形容詞或副詞，「糾纏的禪修」或「糾纏著禪修」；二者「纏與禪」或「糾纏與禪修」。不論如何解？都和佛教的禪、禪修、禪坐、禪定乃至禪宗有關，人在禪坐（修）過程中，如何不起雜念？達到完全寧靜的境界，乃至進入禪定的工夫？〈纏禪〉一詩正是禪修過程中，靜定工夫和雜念妄想的糾纏，要做到一念不起很難。

達摩東來，初到少林寺，見僧人在禪房打坐（坐禪）。達摩問：「坐禪做什麼？」僧人說：「要成佛。」達摩取一磚塊來磨。僧人問：「磨磚何用？」達摩說：「磨磚成鏡。」僧人驚問：「磨磚怎能成鏡？」達摩反問：「坐禪怎能成佛？」確實坐禪、禪修宗旨是什麼？《六祖壇經》〈坐禪品第五〉慧能大師有一段話：（註⑥）

何名坐禪。此法門中。無障無礙。外於一切善惡境界。心念不起。名爲坐。內見自性不動。名爲禪。善知識。何名禪定。外離相爲禪。內不亂爲定。外若著相。內心即亂。外若離相。心即不亂。本性自淨自定。只爲見境思境即亂。若見諸境心不亂者。是眞定也。善知識。外離相即禪。內不亂即定。外禪內定。是爲禪定。菩薩戒經云。我本性元自清淨。善知識。於念念中。自見本性清淨。自修自行。自成佛道。

六祖慧能大師講禪修最清楚明白，這段話讓修行者對禪修，從字意看不難了解，但要做到外禪內定，自修自行，自成佛道，不知道要多少慧根多少工夫？絕大多數參加禪修課程的信眾，皆如詩人「一隻艷麗的蒼蠅……嗡嗡騷鬧竄飛」，腦海中的雜念、妄想，越是「鎮壓」心頭越亂，雜念妄想越多。甚或回憶也越多，三十多年前認識的女生也浮上心頭，真是纏——禪。

禪修要達到本性自淨自定，自修自行，自成佛道，應是一門甚深功課。但實際上，禪不是佛教專有，亦非佛祖發明，而是人人內心的寶藏，每個人的真如佛性，禪宗要人明心見性，有了禪才能明心見性。所以《大智度論》說：「禪為守智藏，功德之福田；禪為清淨水，能洗諸欲塵。」這首偈語告訴我們，什麼是禪？

「**禪爲守智藏，功德之福田**」。所以禪也是我們內心的寶貝，禪是保護吾人智慧之寶藏，禪也是功德之福田，禪就是所謂的不動心、平常心。假如我們面對人生「八風」（稱、譏、毀、譽、利、衰、苦、樂），都能不動心、保持平常心，就能看清自己的本來面目，看清自己的真如佛性。

「**禪爲清淨水，能洗諸欲塵**」。禪是清淨的法水，可以洗去人的五慾六塵，讓身心清涼自在」，所以禪不一定在於打坐，所謂「搬柴運水，無非是禪」，以平常心生活就是禪。吾國明朝大思想家王陽明詮釋「生活即禪」說，「飢來吃飯倦來眠，只此修行玄更玄；說與世人渾不信，卻從身外覓神仙。」如是單純、簡單的禪，你還要報名到遠處山頭禪修嗎？或者今後打坐就不會「纏」禪了！這是你生命的焠煉，以淨身修行的成果，生命的境界已然自修自行昇華。賞讀〈緣〉。（註⑦）

將你封存在攝氏負一九六度
液態氮罐中，我的愛人
希望有天你從休眠中甦醒時開口
說的第一句話是
曾經只有你才讀的出聲音的
我的名字

新的時代會前來替你接生，你是再次呱呱
墜地的嬰兒。帶著前世的記憶
你可能闖蕩無法適應的來生，但
是你必須習慣沒有實體的我，恍恍
惚惚彼此牽絆著，迷

離如春蠶永生絲不盡的情緣
猶如蝴蝶夢中醒來拍拍
翅膀，輕撫著身旁似我
一顆光芒四射的
露珠。

「緣」本來是佛法的重要概念，二千多年前，佛陀在菩提樹下金剛座上，夜空明淨時，悟道的第一個宇宙人生真理正是「緣起法」，緣聚則生，緣散則滅。故《緣生論》說：「藉緣生煩惱，藉緣亦生業；藉緣亦生報，無一不有緣。」人生所面對的一切，都和緣有關。愛因斯坦之後最偉大的科學家霍金，研究宇宙生成、演化，亦持如是觀。「緣」的概念隨著佛教在中國的流行留傳，二千多年已深入一般人民心中。任何不識字的鄉巴佬都能說幾句「緣」起法，有緣無緣等。

但〈緣〉詩內容似與緣無關，而是現代科學的先進生育技術，欠缺科學新知的人可能讀不懂。不久前一則新聞，一對雙胞胎兄弟，哥哥卻大弟弟十歲，這是神話嗎？原來父母因經濟欠佳，先讓一個出生，另一個在液態氮中封存十年才出生。〈緣〉詩所述正是這回事，現在很多人已知這種科學新知了！詩人依然回到緣的概念詮釋這整件事的發生與經過。

就整首詩內容看，有前世—今生—來世的輪迴留轉，也還是佛法的觀點，只是不論那一世，生命都是短暫的。「猶如蝴蝶夢中醒來……露珠」，蝴蝶、露珠的生命都很短，一切有為法，如夢幻泡影，如露亦如電。

註釋

①涂靜怡「臉書」貼文，〈感恩篇〉賀卡系列之五，二〇一七年元月四日。

②陳寧貴，〈淨身〉，《華文現代詩》第四期（台北：文史哲出版社，二〇一五年二月），頁六二。

③羅門，〈教堂〉，轉引陳仲義，《現代詩技藝透析》（台北：文史哲出版社，二〇〇三年十二月），頁五一。

④陳仲義，《現代詩技藝透析》（台北：文史哲出版社，二〇〇三年十二月），頁五〇。

⑤陳寧貴，〈纏禪〉，《華文現代詩》第五期（台北：文史哲出版社，二〇一五年五月），頁

五三。

⑥可詳參任一本《六祖壇經》。

⑦陳寧貴，〈緣〉，《華文現代詩》（台北：文史哲出版社，二〇一六年八月），頁六六。

第十章　如是我聞，依是修行

佛陀成道後，在各處宏法四十九年。某日，佛陀向弟子們宣布，三個月後將在拘尸那迦羅城的娑羅雙樹間，進入涅槃。弟子們雖傷心不捨，也只好利用最後的機會向佛陀請示各自疑難問題。大家最關心的是，如何使正法永住，在最後的時機裡，眾弟子公推「多聞第一」的阿難陀，代表所有弟子請問佛陀四個問題：（註①）

第一、佛陀涅槃後，以誰爲師？

第二、佛陀涅槃後，以什麼安住？

第三、佛陀涅槃後，惡人如何調伏？

第四、佛陀涅槃後，經典的集結，如何才叫人起信？

佛陀慈悲的說：「阿難陀，你和大家好好記住，你們應依戒為師，依四念處安住，遇到惡人時，默擯置之，經首安立如是我聞，就叫人起信。你們依法而行，就是我的法身常在之處！」

佛陀涅槃後沒幾天的四月十五日，有五百位大比丘趕往王舍城，由大迦葉尊者主持佛經結集大典。阿難陀在獅子座誦出：「如是我聞，一時，佛在某某處云……」，他將所記憶的統統誦出來。佛教最早的經典，《長阿含》、《中阿含》、《雜阿含》、《增一阿含》，及《譬喻經》、《法句經》等，都是這佛教史上第一次結集聖典大會，由阿難陀尊者誦出來的。

「如是我聞」之意，是「我親耳聽到佛陀這樣說」，成為佛經的起首語句，主要是讓人起信佛所言說。例如，《金剛經》起首，「如是我聞：一時，佛在……」；《佛說阿彌陀經》起首，「如是我聞：一時，佛在舍衛國……」等皆是。

但詩人陳寧貴不可能「親耳聽見佛說」，他的「如是我聞」要怎樣才說得通？還是要從他對佛法的領悟、理解說起。一者他要清楚明白知道佛陀的「法身」，無所不在，不受時空限制。在大乘佛教裡，佛有三種身分：㈠法身，佛陀證悟的法性，宇宙萬象都是佛的法身；㈡報身，吾人常言佛具足三十二相、八十種好皆是；㈢應身，佛為救度眾生，權宜顯現種種身相。

其次詩人要清楚明白「我是誰？」或「本來面目」是什麼？即認識自己的佛性，知道自己有佛性，甚至直下承擔「我就是佛」。如此，自然能與佛的法身「接心」，這樣「佛與佛」就打破了時空限制，詩人就好像在舍衛國祇樹給孤獨園裡，親身親耳聽佛陀講經說法，「如是我聞」就說得通。再者，這不一定只是「詩說」，可能詩人在修行過程中，真的碰到這個情境。這是賞讀阿貴〈如是我聞〉一詩，對詩題先行之破解。（註②）

如是我聞，舍利子，我
活著，藏在心裡，死後，藏在
土裡。萌發成一群青青草，含著
露珠，在晨曦中發
光。我

染黑漂白，一生漂泊
白了又黑，不曾

真正黑白之
純
猶如
蜘蛛老了，再也守
不住淒涼的等待，最後
在自己眸中
結網。將自己捕
食。

「**如是我聞，舍利子，我……**」。舍利子，就是佛陀弟子之一的舍利弗，他是南天竺波羅門提舍之子，字優波提舍，號舍利弗。「弗」是梵語，譯為「子」，如吾國孔子孟子之「子」意同。佛經中常提到舍利子，如《心經》：「觀自在菩薩，行深般若波羅密多時，照見五蘊皆空，度一切苦厄。舍利子！色不異空……」光是這幾句，高僧要極深入講，可能三天講不完。惟此處簡易解說，舍利子是經中的當機，所以觀自在菩薩在要說法前，先招呼他一聲以提醒他的注意。尤其般若甚深奧義，菩薩欲暢宣之，唯非上智之人不可與言，故特呼佛陀弟子中「智慧第一」的舍利弗而告之。

如是我聞，舍利子和「我」放同一平台，一起聞佛法，也是詩人知道「心佛及眾生，是三無差別，諸佛悉了知，一切從心轉。」（《華嚴經》）。詩人從佛法中有悟，他又想說什麼呢？「我／活著，藏在心裡，死後，藏在／土裡。萌發成一群青青草，含著／露珠……」原來，佛法只是一種平常心、自然法，有如花開花落；人亦是，活著時，就是活著，吃喝拉撒，死了入土成青草的養份，所以佛法也是一種自然法，並非佛說才有，佛不說亦早已存有。《金剛經》說：「若人言如來有所說法，即為謗佛，不能解我所說故。」（註③）謗佛的罪名可大了，這是因為佛法所述緣起、因果等，乃自然界本來如是，非佛陀發明，只是佛陀「發現」，故不能言佛所說之法。

這道理如同牛頓發現地心引力，而不是「發明」。若牛頓不發現地心引力，地心引力依然如是存有。所以，若吾人把地心引力稱「牛頓法」，也是毀謗牛頓，道理相同。

「染黑漂白，一生漂泊／白了又黑，不曾／真正黑白之／純」。我想，吾等凡夫之人生大約如是，對佛法有些領悟，又好像沒有！如是我聞，很想好好修行，只是人在紅塵，白了又黑，黑了又白。但無論多沉淪，從未純黑；無論多用心修行，也從未純白，總在不黑不白間，浮浮沉沉的漂泊一生。

「猶如」。二字自成一段，似乎在說人生只是一場「如果」，說來未來，說去未去，似黑不黑，似白不白。就像人家說的「如夫人」，只是「假設」夫人，並非真夫人。人生的難處亦是，想求個「真」，有個確定，皆不可得，一切都是如果……

最後就像「蜘蛛老了，再也守……將自己捕／食」。生老病死乃人生之必然，只看如何結束生命！眾生有如蜘蛛自己結網，捕食自己，暗示眾生在慾望中困惑掙扎，最後被慾望捕食。當然，也在暗示修行的困難，人要彰顯自己的佛性，是多麼的不容易。所謂「一念瞋心起、百萬障門開」，正是此理，想必這正是詩人的修行心得。

〈如是我聞〉一詩，除了詩述詩人的佛法修習心得，也是詩意豐富的作品，黑白都意象鮮明，結網將自己捕食意象驚悚，讓想像大幅擴張。賞讀另一首〈參訪法鼓山感悟〉。（註④）

輕
如微風的

心情，隨山旁的落葉
飄了出來

沿途欲流出
天地外的
水聲，悄悄
流進耳朵

聽覺
洗了又洗
瞿然，我聽見什麼
不禁俯身撿拾那
神秘的聲音

傳説這座山是沒有門的

誰也入不了山
尋尋覓覓才發現
我是唯一的一扇門
當我用心打開之際
法鼓山變成我千里耳目
法喜充滿的梵音
彷如千萬朵蓮花，頃刻
由天而降

於是頓悟，所謂隱者
應無所住而生其心
觀世自在，無來也無去
尋尋覓覓才發現
原來我就是
那個神秘的隱者啊！

這首詩應是很久以前寫的，〈讀詩筆記〉一文說，那年某日，一群文友四十餘人，林錫嘉、孫煒、張拓蕪、丘秀芷、林煥彰、一信、風信子、莫渝、落蒂……看一些人名就知是很久的事了。但記憶深刻，「輕／如微風的……飄了出來」。到了佛法暢流之地，人的心情就輕了起來，像落葉飄動，先已點佛法對人的影響，是給人輕鬆，給人好心情的。所以，沿途流出的水聲，如佛法般自然地流進耳朵！

詩人聽到了什麼？「聽覺／洗了又洗／瞿然，我聽見什麼／不禁俯身撿拾那／神秘的聲音」。此處詩人用了現代詩的「特技」，一種叫「移覺」的詩藝，即貫通人的各種感覺系統。「俯身撿拾」是觸覺，聲音是聽覺，正常語言說「撿到一塊錢」是對的，但「撿到聲音」則說不通。詩語言則要打破這種常態，才讓境界昇華，想像力達到最大擴張的效果。

「傳說這座山是沒有門的／誰也入不了山／尋尋覓覓才發現／我是唯一的一扇門……由天而降」。這段詩人有意以詩講法，當然也彰顯詩人對佛法的領悟，有境界有「門道」的。佛法有八萬四千法門，可謂到處是門，佛寺也都是開放的，怎說是沒門？原來門不在外，而在自己的心，故詩人說「我是唯一的一扇門」。內心悟了，到處是門；內心未悟，走到佛門亦不見門！詩人領悟了佛法門道，眼前才見「法喜充滿的梵音／彷如千萬朵蓮花，頃刻／由天而降」。滿滿的喜悅和祝福，乃由心生，正是所謂「一心開兩門」，現在開的是天堂門、人間淨土門。

吾國大唐龍牙居遁禪師有詩曰：「掃地煎茶及針罷，更無餘事可留心；山門有路人皆到，我戶無門那畔尋。」（註⑤）修行者以平常心生活，心中無掛礙。寺院的路人人可去，但是有一種也是人人可以到達的路，卻是沒有門的，無門才是四通八達。無門，是因為門在人的內心，你必須「尋尋覓覓才發現／我是唯一的一扇門」，此刻，對你而言，悟了，四通八達，處處都是門道！

有人問趙州禪師：「什麼是趙州？」（註⑥）

趙州禪師回答：「東門南門西門北門。」這意思說，不論你問人名或地名，同樣是東門南門西門北門，四通八達，不拘於哪一個門。言外之意暗示著，我趙州的道不執著哪一個門，只看你悟了沒？悟了到處是門可以進來，當下就進來，當下就證道。所以，說到底，還是詩人所悟「我是唯一的一扇門」，打開心門，便到處有門。以前在職場上，有人有很多「門路」關係，有人沒有門路，這此中道理應是相通的，悟與不悟而已。因為詩人對於佛法，如是我聞，如是修行，如是有悟。〈參訪法鼓山感悟〉詩有了結論，「於是頓悟，所謂隱者/應無所住而生其心……原來我就是/那個神秘的隱者啊！」。詩人以《金剛經》「無住生心」期許自己，「諸菩薩摩訶薩應如是生清淨心，不應住色生心，不應住聲香味觸法生心，應無所住而生其心。」（註⑦）心不有種種執著，人就自然生出清淨菩提心。原來自己就是那神秘的隱者，這「隱者」正是人們不易發現的本來面目，人的佛性。賞讀〈朝聖〉。（註⑧）

二千一百公里的朝聖之路
從我們閃亮著希望的眸子裡
迤邐而出。就要出發了
內心的地獄響起巨大雷鳴

此去必要經過
數十萬次，三次手掌合十輕扣
五體投地叩拜而行
伏身磕長頭，與天地

身語意合為一體獻給佛祖
每天可能祇叩拜六公里
穿過高山，翻越深谷
走了滔天迷濛沙塵暴
來了一場寒徹骨大雪
在海拔五千公尺稀薄空氣中
我們呼吸，體會稀有的歡喜

叩破的額頭痊癒數十回合
因受傷而逐漸高高隆起
這才是高山中的高山
木手套皮圍裙
磨破了數十次
卻將往昔的罪孽磨得發亮

經歷七個月，結冰的河水
融化了。淙淙流過
心中的涅槃深谷
春天降臨，她的暖意化解了
我們曾經的陰冷心事
聖城已遙遙在望
我們穿越了今世的生死
看見自己的本來面目
看見燦爛奪目的來生

千里叩拜朝聖，不論那一種宗教，應該都算修「苦行」，能如是修行要有極大決心勇氣健康等，否則必難以支持下去。〈朝聖〉一詩從內容看，應是藏傳佛教的千里叩拜，各種影集或西藏旅遊常見動人景觀。

但佛教並不鼓勵苦行，根據《釋迦譜》記載，佛陀最先是修苦行，每天以麻麥充饑，甚至禪修打坐時，鳥雀在他頭上築巢做窩，他也順乎自然，可見他刻苦修行的情境。惟苦修多年仍不能進入真理的世界，不能悟得救度眾生的途徑。於是他決定換地方、換方式修行，才有後來悟道的佛陀，讓佛法廣傳至今，二千多年來佛法已有很多部派。藏傳佛教的千里叩拜苦行，在理論或功德上如何？筆者沒有深入研究，故不論述，僅針對朝聖一事略說淺見。

《大毘婆沙論》云：「修諸餘苦行，當知無義俱，彼不獲利安，如陸揮船棹。」修行，必須先認識修行的意義為何？參禪打坐念佛並不就等於修行，若不能逐漸去除貪瞋痴毒，清淨自心，都不算真修行，或者你只是去趕熱鬧，實際上「當知無義俱」。心中不能得到安樂自在，好比船在陸地行走，沒有絲毫進步。所以，修行首要調伏妄心，淨化三毒，提昇內在精神境界，才不會迷失了方向，把握正見正思正行。

能夠苦行千里叩拜朝聖的人，我認為基本上已調伏自己，放下身段，悟得懺悔罪業的重要性。修行過程中，吾以為「懺悔」最難，一般人都認為「我又沒犯錯，幹嘛要懺悔」。這是因為對佛法認識不清，心存貢高我慢。《心地觀經》云：「懺悔能延金剛壽，懺悔能入常樂宮；懺悔能出三界獄，懺悔能開菩提華。」若能有如是認識，便能深深懺悔，千里苦行或許是最深的懺悔，能開出最美麗之菩提華。

如〈朝聖〉一詩，二千多公里叩拜之路，僅從外相看形像行為，就足以感動天地，乃至泣神鬼人，產生極大的力量。或至少吸引新聞報導，也能感動很多人，必然也產生力量。經過這樣的苦行，「我們穿越了今世的生死／看見自己的本來面目／看見燦爛奪目的來生」。這是最大的懺悔「所得」，也是最大的功德吧！

詩人陳寧貴很早接觸佛法，身為作家、詩人，很能散發佛法的平常心生活。創作過程中，如是我聞，如是修行，又善於修行以詩，成為詩壇一大特色！

註釋

①阿難陀，是佛陀十大弟子之一。（另九大是：舍利弗即陳寧貴詩中的舍利子、目犍連、富樓那、須菩提、迦旃延、大迦葉、阿那律、優波離、羅睺羅）。可詳見星雲大師著，《十大弟子傳》（高雄：佛光文化事業有限公司，二〇一五年元月，再版。）

②陳寧貴，〈如是我聞〉，《華文現代詩》第三期（台北：文史哲出版社，二〇一四年十一月），頁三五。

③見《金剛經》，〈非說所說分第二十一〉。

④陳寧貴，〈讀詩筆記〉，《華文現代詩》第十一期（台北：文史哲出版社，二〇一六年十一月），頁四〇—四二。法鼓山感悟是筆記的一部分，最近二〇一七年八月六日臉書貼文再次

刊出。

⑤龍牙居遁禪師，俗姓廓，十四歲出家，洞山良价禪師的弟子，撫州（今江西撫州人）。生於唐文宗太和九年（八三五年），五代後唐莊宗同光元年（九二三年）圓寂。

⑥趙州禪師，法號從諗，俗姓郝，生於唐代宗大歷十三年（七七八年），唐昭宗乾寧四年（八九七年）圓寂（卒年可能有疑）。趙州在今河北趙縣，他是南泉普願禪師法嗣，有名的禪宗大師，世稱趙州禪師。

⑦見《金剛經》，〈莊嚴淨土分第十〉。

⑧陳寧貴，〈朝聖〉，《華文現代詩》第十三期（台北：文史哲出版社，二〇一七年五月），頁六四。

第十一章 詩觀・詩友・詩想，眞正詩人行腳

陳寧貴雖然只出版過一本詩集，散文、兒童文學寫了很多，他在我心中的定位和形像，依然是個詩人。這不僅從他年輕時和一群詩人辦《陽光小集》，成為七〇年代台灣詩壇盛事，他即這詩人群的領軍人物。（註①）今年（二〇一七）三月，台灣現代詩社、紀州庵和台北市文化局，辦《陽光小集》座談會，向陽、陌上塵、陳寧貴、解昆樺都發表了回顧並朗誦詩作。（註②）可見得，詩人走過的足跡，都成為詩史的一部分，也表示他們在詩史上佔有一席地位，歷史不會忘記他們，阿貴就是一個詩人。

有個菲華名詩人王勇，在〈再現「陽光」〉一文這麼說，「真正愛詩的人，無論他有沒有在／再寫詩，相信詩已經與他的身體、靈魂、生命融為一體了，也即在俗世踐行著詩意棲居。」（註③）這「詩意棲居」便是詩人的境界。

但現在大家都知道詩人滿街走，有境界其實不多，能像阿貴這樣經得起「時間判官」

的嚴審，始終不被歷史丟除，進而佔有一塊「歷史舞台」。這樣的詩人之路是如何走出來的？或怎樣才能成為這樣有境界、有深度的詩人？永遠被歷史所愛。宋代詩人陸游告誡兒子說：「汝果欲學詩，功夫在詩外。」（註④）這個「詩外」，指的是三個成為真正詩人（被歷史接受）的要件。㈠深刻而真實的生活；㈡客觀環境裡所處的時代精神；㈢詩人對客觀事物的感受、反應和敏感度。

深刻而眞實的生活。眾生都在「生活」，生活不外吃喝拉撒，人在生活，豬狗牛羊也在生活，大家可以思索一下，人和畜牲生活有何不同？甚至人人皆在生活，但有的人似「未曾活過」，活的不真實、不深刻，所以也真的不知道自己是不是「活著」？此謂之行屍走肉吧！或一天混過一天！有的人生活得很真實、很深刻。而最好的詩人，則生活得最真實、最深刻，李白若無和汪倫有深厚交往，就不會寫出「桃花潭水深千尺，不及汪倫送我情」這樣動人詩句。我常舉一例，有人問一修行禪師：「怎樣才是修行？」禪師答：「就是吃飯睡覺吧！」問者反問：「我們也在吃飯睡覺，難道不是修行嗎？」禪師說：「非也，你們吃飯看手機，食不知味啊！你們睡覺想股票，睡不安穩，同是吃飯睡覺，境界不同，效果不同！」

客觀環境裡所處的時代精神。一切「身外」都是客觀環境，從家門口到宇宙邊陲都是，但以自己所處最有關係的時代聲音，這不外就是本民族的聲音，人民的心聲，作品應該是這個時代的回響。魯迅說過，「詩是民族的聲音。對於時代精神，詩應該是最敏感的水銀柱。沸騰的生活像海洋，而詩呢？詩就是它的波浪。它反映出生活的五彩繽紛，它歌唱出人民創造的巨大聲音。」（註⑤）把自己做為時代的忠實代言人，就有優秀的詩作，會是一個「真詩人」。

詩人對客觀事物的感受、反應和敏感度。這是大家常說的「有感」，且要「高度有感」。雖有前述㈠㈡要件，惟「無感」或敏感度太低，也難成「大氣詩人」，敏感度越高越能在平常平凡處發現非凡。詩人之所以能創作，很大程度上是他比一般人更有感，更富有感受力。因此，要當一個「稱職」詩人，他必須生活有熱情，對工作有熱愛，對人生有真誠，對客觀事物，一花一葉，都能有感，才能有獨俱品味意境的詩作。這些作品有獨特自我的風格，是世界的唯一。

筆者對陳寧貴現代詩的研析，或對其人行誼的理解，從《商怨》詩集到《華文現代詩》作品，乃至網路臉書貼文等，大致從以上三點切入深入。二〇一七年八月十日，他的「臉書」貼文說：「優秀與大師的區別，是大師能創作獨俱自我風格的作品，儘管有人可以百分百模仿畢卡索作品，仍不能稱大師。」這是當然，惟阿貴的作品大多很有特

色，有獨到的創作理念。賞讀〈詩觀〉。（註⑥）

點燃詩想，力爭
上游到頂峰，轟然
爆裂，以粉身碎骨的壯烈
綻放，猶如
情愛的狂烈唇舌交織中
雷電纏綿，霹靂四起
引發的強烈詩想
是那道乘著狂風暴雨而來的
閃電，直奔心室，突然
擊亮心室的
暗

接著，將體內洶湧的

江河，悠然釋放
讓喧囂擾攘的世界，剎那間
在指尖安靜下來

此刻，整個宇宙的星球
蟄伏在渾身的毛孔中
呼吸著閃亮著，突然
四肢展翅，飛向無
極

〈詩觀〉寫的是創作一件作品的過程和觀察整理，也可以說一首詩怎樣誕生的觀點。詩是怎樣寫出來的？每個詩人都有獨門秘方，這之中當然包含靈感、感情、構思、想像……每個詩人都想用一首詩就能「轟動詩林、驚動詩壇」，就看有沒有這本事？「點燃詩想，力爭／上游到頂峰，轟然／爆裂，以粉身碎骨的壯烈……」，這可能是一首驚天動地的詩，粉身碎骨當然是形容詞，是一種慘烈的意象。但詩人也用另一種天雷鉤動地火來形容，「猶如／情愛的狂烈唇舌交織中／雷電纏綿……閃電，直奔心室，突然／擊亮心室的／暗」。一首詩構思完成，有功德圓滿的感覺，眼前突覺一片光明，故說擊亮心室的暗。

「接著，將體內洶湧的／江河，悠然釋放……在指尖安靜下來」。釋放的是一個個字詞，一行行詩句，如江河奔流般，從體內經指尖躍向紙上，獨俱自我風格的作品完成，這是什麼感覺？說與人聽渾不信，「此刻，整個宇宙的星球／蟄伏在渾身的毛孔中……四肢展翅，飛向無／極」。真是怎一個「爽」字了得。賞讀〈浮生—詩想起阿嘉兄〉一詩。（註⑦）

記得否，那年
松山機場還睡眼惺忪
而宋楚瑜主任已
清醒許久，他握手寒暄微笑
我們的心情已開始上路，金門！

記得否，那年
從北台灣迤邐到南台灣
墾丁熱烈召喚，要
我們去看海，也給海
看！

記得否，那年
帶著比風還薄
還輕的意象，我們
化作法鼓山涼涼的
水聲

記得否，那年
我們在山林間尋尋覓覓，千迴
百轉孵出的詩想，乍一抬頭

看見蘭陽的第一所大學，已普照

佛光

附記：那些年，大家還年輕，林錫嘉、林煥彰、林央敏、陳寧貴、黃樹根，我們到金門，到墾丁，到……

啊！金門，又是金門，他們去浪漫，我去則一個頭兩個大。數十年前吧！老夫還年輕，為執行「反攻大陸、解救同胞」的神聖任務，在金門、馬祖、高登、小金門……率領英勇的國軍弟兄，在這些前線共駐守十年。後來這些前線各島開放觀光，朋友多次約我重遊舊地，我回答：「你去問一個在惡魔島關十年的人，若惡魔島開放觀光了，他願意重遊舊地，我也重遊金馬，他願意嗎？」

浮生！浮生！凡行走過的都是浮生，每個人感受、因緣都不同，就像那些「惡魔島」。有一回，大概去年（二〇一六），女詩人葉莎到馬祖小玩幾天，我正好因事打手機給她，那頭她興奮的聲音說：「馬祖好美，好浪漫，真是世外桃源！」我開玩笑說：「那妳就在馬祖住五年好了！」她說：「不行，最多住十天不得了……」。若住個一月一年或更久，就不美不浪漫了，筆者在那兒住了好多年。

年紀一大把了，「浮生」不論苦樂酸甜，都已轉念成一種修行的過程，成為珍貴的記憶。就像陳寧貴和林錫嘉的浮生因緣，緣起而持久，現在成為《華文現代詩》夥伴，轉借李白詩意說：「台灣海峽深千尺，不及二人友情深」。詩人行腳永留存，有情有義最動人，賞讀〈量子糾纏〉。（註⑧）

多情卻似總無情，惟覺樽前笑不成；
蠟燭有心還惜別，替人垂淚到天明。（唐，杜牧〈贈別〉）

你在那頭，我在這頭
緣份是牽引兩頭的輪迴
軌道，思念的磁場甜蜜呼喚
無線也無限
是永遠超越時空的
量子糾纏

〈量子糾纏〉為詩題，證明作者的創意、先進，拿這種主題寫詩，詩壇上至今聞所未聞。原因是「量子論」是很先進的物理學領域，從來都是很嚴肅的科學，與詩歌可謂風馬牛不相關。再者，沒有留心先進科學發展概況的人，根本也不會知道「量子論」、「量子糾纏」為何物？不明者，恐還以為有個女人叫「量子」，糾纏著詩人，詩人受不了了！寫一首詩……是故，先從物理學略說「量子論」和「量子糾纏」，才能正確解讀這首詩，也讓杜牧知道現代科學新知。

量子力學 證實彌陀淨土真存在

潘宗光教授出提出 人類意識影響宇宙 沒有意識沒有眞實的世界 佛法與科學全無抵觸

2016.11.24. 人間福報

法門的真實

圖／取自網路

【本報綜合報導】曾獲得諾貝爾獎化學獎提名、香港理工大學榮休校長潘宗光教授表示，能否接受淨土法門，在於信心問題，他身爲佛教徒亦是科學家，嘗試從所掌握的最新科學知識，去探討大衆對淨土的四大疑點：

此爲潘宗光在出席十七日至二十日在西安國際會議中心舉行的「漢傳佛教祖庭文化國家學術研討會」上，所提出的〈淨土法門的科學觀〉主題論文。

淨土真的是阿彌陀佛從零創建出來？真的那麼殊勝？

現在一門非常熱門的科學話題，是人類意識與宇宙的關係。宇宙不是獨立客觀的存在，而是會受到人類意識所影響；沒有生命，沒有意識，便沒有眞實的世界。這類思惟主要是根據「量子力學」的理論。

意識是一種能量，它有自己的振動頻率。當意識能量強大的時候，它可以引起宇宙其他事物（能量），尤其是與它有糾纏關係的事物，產生共鳴。共同願望的強烈群體意識，影響更大。

阿彌陀佛經過漫長的修行歷程，累積了難以量計的功德，其意識和願力是無可量計的強大。故此，他從零開始建立一個理想世界是完全有可能的，並不違背現代的科學理論。

《阿彌陀經》說「是諸衆鳥，皆是阿彌陀佛，欲令法音宣流，變化所作。」佛陀淸楚指出阿彌陀佛可以從零變化出種種奇妙雜色之鳥，加上諸大菩薩及大善人不停往生到極樂世界，共同的意識及願力會愈來愈強大。美好意識結集，極樂世界不斷地變得更殊勝。

淨土不停接引十方世界一切眾生，淨土可容納那麼多眾生？

我們生活在四維時空的世界，我們看到、觸摸到及感覺到的，都是在四維時空內，我們的思惟也被這四維時空所局

如說我們地球看起來很龐大，但從整個宇宙來看地球只像微塵一般的渺小。同一原理，我們看一粒微塵，如果將它放大來看，也是一個世界。

現在很多科學家相信宇宙超越三維空間，從數學觀點來看，宇宙每一點都可以有九維空間，即長、寬、高及六維互相卷曲的微小空間。所以，每一個小點，看上去是微塵，其實每一點都可能有自己的多維時空，多維時空可容納各類適當衆生的數量，不可思議。

阿彌陀佛不停的在擴大極樂淨土及善用這多維空間，亦不違背現代的科學理論。

單念阿彌陀佛名號，就可以往生嗎？

電視機如何收看到某電視台？電視台將畫面和聲音，轉化爲在某一特定頻率規限內的能量，播放在空氣中，只要調校電視機的接收頻率與某電視台的頻率接軌，便能接收到該電視台的訊息。

假設極樂世界是一個超級電視台，阿彌陀佛的無盡能量，穿越時空，到我們的地球，能量的頻率就是「阿彌陀佛」四字聲音。聲音是一種能量，我們念阿彌陀佛時，便能與這極樂世界能量接軌，產生感應。

稱念一句阿彌陀佛，就在潛意識或佛教的第八識種下一粒種子。多念，就加大自己的接收能力。到臨終時，儲存在第八識的阿彌陀佛接收種子，便會與空間裡的阿彌陀佛產生感應，幫助我們到西方極樂淨土。

又如需要以密碼開啓保險箱，密碼可以是一組數字或聲音，念「阿彌陀佛」就可被視爲打開通往極樂世界的密碼。

淨土離開我們有十萬億佛土，可以去到嗎？

從我們的角度，無論坐多快的交通工具都去不到。但愛因斯坦指出，時間與空間是人的錯誤理解，例如，空間可以被扭曲。愛因斯坦提出Einstein-Rosen bridge（ER橋），而惠勒稱之爲「蟲洞」（Wormhole），可穿越時空，拉近及連接時空相隔甚遠的兩點。

透過量子糾纏的關係，意識的傳遞亦可以超越時空。往生淨土的基本要求是：「信、願、行」具足。從科學角度理解：「信」是極度的專注，「願」是強烈的動機，這樣「行」的念佛意識便很強大，更容易穿越時空與有關的能量場產生感應。

現代科學對宇宙的理解，愈來愈接近佛陀的教法，淨土法門看似迷信，但與

量子力學（Quantum Mechanics，或譯量子論），與相對論是二十世紀物理學兩大支柱。所謂「量子」，乃宇宙間最小的物質單位，被認為已不能再分割，量子力學乃在研究微觀物質活動之學，被學者稱物理學的「幽魂」，因為極神秘。幾如神鬼之不可測，但是，它是物理學。

量子力學有一種現象叫「量子糾纏」（Quantum Entanglement），愛因斯坦稱之「遠距離鬼魅效應」。指兩個粒子可以跨越長距離直接連接，測量A，可以知道B，不論AB相距多遠，這實在是很神奇的事。

量子論或量子糾纏對人類到底有什麼用？或有何功能？在廿一世紀必然要大放異彩，「量子」已是現在世界各國科學界之顯學，尤其大國強國都投入大筆經費研發量子科學。按筆者歸納，有以下各點對人類影響至鉅。第一、科幻片常見的把人從甲地瞬間「傳送」到乙地，已證實理論上的可行，目前在實驗室已完成一個原子的傳送，Discovery，介紹過這個實驗。

第二、量子電腦、量子太空船、量子衛星等尖端科技，中美兩強科學家都在研究，中國已率先發射量子衛星「墨子號」。未來量子世界將如何？恐怕詩人也無法想像。

第三、證實「無中生有」可以成立。大家知道「無中生有」是違反科學的，中學生都有過實驗。但在量子世界裡可以「無中生有」，宇宙生成即「無中生有」。第四、最奇妙的，量子力學證實彌陀淨土（西方極樂世界）真實存在。（如剪報資料）人類意識影響宇宙，沒有意識就沒有真實的世界，以信、願、行三力，確實可以穿越時空的能量場，到達彌陀淨土。而量子糾纏即可穿越時空，早在愛因斯坦已說明了理論上可行，科學和佛法全無抵觸。

簡略的說，量子糾纏像二人之間的心電感應，或心有靈犀一點通，少數人類有這種「神通」。但量子是物質最小單位，也仍是物質，不論在宇宙間相距多遙遠，都可以互動糾纏，真太奇妙了。

理解了量子力學，對〈量子糾纏〉一詩，想必讀起來就容易了。「你在那頭，我在這頭／緣份是牽引兩頭的輪迴……是永遠超越時空的／量子糾纏」。能夠這樣「糾纏」的，若非浪漫的一對情人，便是幸福美滿的倆夫妻，這是快樂的「糾纏」。

而杜牧，「十年一覺揚州夢，贏得青樓薄倖名」、「南朝四百八十寺，多少樓臺煙雨中」、「商女不知亡國恨，隔江猶唱後庭花」，還糾纏著一千多年後的我們，讓我們有文章作。阿貴的作品，除了糾纏筆者，相信也能糾纏時代好一陣子，乃至百年後……賞讀〈紅塵〉一詩。（註⑨）

銳利的時間，削著我
把年輕的我
削成一把雪亮的劍

銳利的時間，削著我
把壯年的我
削成一支詭譎的矛

銳利的時間，削著我
把年老的我
削成一面堅韌的盾

光遠了，連天都荒蕪了
一夕間再召回三十年前

尚未荒蕪的天光，想起
從不也可以居的自豪
到最後鹿仔林的自棄
輪迴於山鷹與菅芒間
真正詩人行蹤，露華沉重
結滿衣袖

這首詩的前三段，後來獨立出來，改詩題為〈時間〉，發表在《華文現代詩》第十一期。（註⑩）若以這三段為一首詩，結構甚為完整，俱有普遍性價值，表達了人生過程的普遍現象。可能因為如是，詩人才拿掉後段，改詩題重新發表。

而時間加末段成〈紅塵〉一詩，應是加入詩觀詩想，尤其加入詩人這行業的行腳。前三段可以指涉任何人，並不針對詩人，有了末段則成了詩人的紅塵。從三十多年前，走在詩人之路上，起起落落，有自豪有自棄，「眞正詩人行蹤，露華沉重/結滿衣袖」。這一身，最濃的還是詩味，真正的詩人啊！

所謂「花叢中裡過，半點不染身」，這是有道高僧才有的修行功力。紅塵乃五濁惡世，詩人走過紅塵數十年，能濁惡不染身，堅持他的詩觀詩想，在山鷹與萱芒間，做一個真正詩人，人生可觀、自在啊！

註釋

①《陽光小集》詩社，創立於一九七九年十一月十七日，一九八四年六月解散停刊，共出版十三期詩刊。主要成員有：向陽、張雪映（張弓）、苦苓、李昌憲、林文義、林野、陳煌、陳寧貴、陌上塵、連水淼、劉克襄、張錯、陳克華、履彊、謝武彰、王浩威、游喚、簡上仁、蔡忠修、陳朝寶等人，他們也辦民歌演唱，陳寧貴有〈居〉和〈傘〉二首詩，被譜曲傳唱，阿貴是這詩人群的領頭羊。

②《陽光小集》座談會，全程紀錄刊於《文訊》第三七八期（二〇一七年四月號），特闢〈陽光小集專題〉，四月也在紀州庵舉辦《陽光小集》詩刊特展，讓大家了解七〇年代末、八〇年代初，台灣現代詩壇的艷陽天。

③王勇，〈再現「陽光」〉，見網路《陳寧貴詩人坊》，二〇一五年十一月七日。

④曹長青、謝文利，《詩的技巧》（台北：洪葉文化事業有限公司，一九九六年七月），第一章第二節，〈走向詩人的道路〉。

⑤同註④。

⑥陳寧貴，〈詩觀〉，《華文現代詩》創刊號（台北：文史哲出版社，二〇一四年五月），頁五六。

⑦陳寧貴，〈浮生—詩想起阿嘉兄〉，《華文現代詩》第二期（台北：文史哲出版社，二〇一四年八月），頁九〇。

⑧陳寧貴，〈量子糾纏〉，《華文現代詩》第十四期（台北：文史哲出版社，二〇一七年八月），頁七〇。

⑨陳寧貴，〈紅塵〉，《華文現代詩》第七期（台北：文史哲出版社，二〇一五年十一月），頁六〇。

⑩陳寧貴，〈時間〉，《華文現代詩》第十一期（台北：文史哲出版社，二〇一六年十一月），頁七六。

第十二章　陳寧貴的羅門詩研究再補綴研究

壹、前言：詩人能否產生偉大的力量？

自從二〇一四年五月，《華文現代詩》創刊號出版，陳寧貴幾乎每期都有一篇有關羅門或蓉子的研究，到十四期出刊（二〇一七年八月），共有十篇長短不一的詩論文章。阿貴已然是台灣地區的羅門和蓉子的研究第一把手，而我研究陳寧貴文學，把他的研究又搬出來，似有「炒冷飯」之嫌，不炒亦不行，不炒則是陳寧貴研究的欠缺。是故，本章順著阿貴研究羅門蓉子的路線圖，加料重炒，試圖炒出一盤「新的炒飯」，是謂再補綴研究。

常民社會裡，經常聽到「書生造反三年不成」或「百無一用是書生」，如是輕視書生的話。誰是書生？大約就是讀書人，教書的、寫作的，作家、詩人或搞藝術的等，經常要讀書，與書為伍的。這些人，無力無用嗎？

已故不久的大詩人羅門可不這麼認為，陳寧貴在〈探尋詩人羅門的詩想境界〉一文說：「在詩人日漸沒落的年代，羅門仍非常看重詩人的能量，仍認為詩人是一股能夠將向下墜落的年代，向上提升的偉大力量。他說：真正的詩人可將人類帶進大自然的生命結構，重新溫習風與鳥的自由。」（註①）這是我第一次聽到詩人可以產生「偉大力量」，可以阻止一個時代的墜落，這已經可以說是一種挽救人類命運的力量。

我是屬於「實證論」者，尚未見過有詩人有此偉大的力量，對詩人這麼高的肯定，當然至少要向他行最敬禮。但在筆者有限的知識裡，書生文章有時確實可以產生很大的力量。民國三十六年（一九四七）二月，神州大地政局如太平洋上的巨浪，當時社會各界要求行政院長宋子文下台（因弊案），宋不動如山。是時，前台灣大學校長傅斯年先生（當時主持中研院歷史語言所），在《世紀評論》雜誌發表一篇文章，題目〈這個樣子的宋子文非走開不可〉，舉國注目，宋氏旋即辭去行政院長職。（註②）這是我所知，書生一篇文章產生的力量，一夜之間把一個行政院長轟下台，不算是偉大的力量，已是極大的力量。傅斯年是典型的書生，如同一位單純的詩人，文章（詩歌）確實是有力量的。

詩人「偉大力量」雖尚未在實踐上得到檢證，但我相信就像目前科學家發表的論文說，量子力學已證實彌陀淨土真的存在，都已在理論證實了，就等實踐的機會。（註③）羅門的詩有「偉大的氣勢」（註④），距發生「偉大力量」，應該是有機會的，深值研究。

蓉子和羅門是現代詩壇上著名夫妻檔，蓉子素有「現代李清照」美稱，也是「天后級」女詩人。陳寧貴對蓉子作品亦有著墨，本文僅先從羅門的詩作好好做文章。

貳、通往第三自然之〈第九日的底流〉

陳寧貴在〈第九日的底流〉一文，通過羅門這首詩思索人的朽與不朽問題。（註⑤）在另一篇研究羅門的詩論說：「我認為，羅門〈第九日的底流〉大作完成之際，羅門宏偉的現代詩殿堂也同時建構完成了。」（註⑥）很顯然的，這首詩在羅門一生現代詩創作，乃至詩學、詩觀、人生意義，都有「里程碑」的定位，標示著人生「頓悟」之完成。羅門自己也曾經說：「第九日的底流詩集出版時，我對詩的創作，才開始自熱愛轉變為對其存在價值與意義的根本認知。」（註⑦）這是一首讓羅門頓悟（或漸頓），而「轉型」邁向大師的作品，乃人生創作歷程上的「關鍵詩」。

對於有如是重要地位的關鍵詩，多數賞析評論者並未全面、完整的解讀。如同筆者研究的眾多詩人，一貫採取整首詩引錄、研究方式，以期理解作者創作一首詩的背景圖，觀賞整首詩呈現多麼完整的「宇宙圖像」。羅門的經典〈第九日的底流〉一詩更應如是，全詩頗長，全部抄錄如下。（註⑧）

第九日的底流

不安似海的貝多芬伴第九交響樂長眠地下，我在地上張目活著，除了這種顫慄性的美，還有什麼能到永恆那裡去。

序曲

當托斯卡尼尼的指揮棒
　　砍去紊亂
你是馳車　我是路

我是路　你是被路追住不放的遠方
樂聖　我的老管家
你不在時　廳燈入夜仍暗著
　　爐火熄滅　院門深鎖
　　　世界背光而睡
你步返　踩動唱盤裡不死的年輪
我便跟隨你成為迴旋的春日
　　在那一林一林的泉聲中
於你連年織紡著旋律的小閣樓裡
　　一切都有了美好的穿著
日子笑如拉卡
我便在你聲音的感光片上

成為那種可見的迴響

一

鑽石針劃出螺旋塔
所有的建築物都自目中離去
螺旋塔昇成天空的支柱
高遠以無限的藍引領
渾圓與單純忙於美的造型
透過琉璃窗　景色流來如酒
醉入那深沉　我便睡成底流
在那無邊地靜進去的顫動裡
只有這種嘶喊是不發聲的
而在你音色輝映的塔國裡
純淨的時間仍被鐘錶的雙手捏住

萬物回歸自己的本位　仍以可愛的容貌相見
我的心境美如典雅的織品　置入你的透明
啞不作聲地似雪景閃動在冬日的流光裡

二

日子以三月的晴空呼喚
陽光穿過格子窗響起和音
凝目定位入明朗的遠景
寧靜是一種聽得見的迴音
整座藍天坐在教堂的尖頂上
凡是眼睛都步入那仰視
方向以孩子們的神色於驚異中集會
身體湧進禮拜日去換上一件淨衣
為了以後六天再會弄髒它

而在你第九號莊穆的圓廳內
一切結構似光的模式　鐘的模式
　我的安息日是軟軟的海棉墊　繡滿月桂花
　將不快的煩躁似血釘取出
　痛苦便在你纏繞的綳帶下靜息

三

眼睛被蒼茫射傷
日子仍迴轉成鐘的圓臉
林園仍用枝葉描繪著季節
在暗冬　聖誕紅是舉向天國的火把
人們在一張小卡片上將好的神話保存
那輛遭雪夜追擊的獵車
終於碰碎鎮上的燈光　遇見安息日

門窗似聖經的封面開著
在你形如教堂的第九號屋裡
爐火通燃　內容已烤得很暖
沒有事物再去抄襲河流的急躁
掛在壁上的鐵環獵槍與拐杖
都齊以協和的神色參加合唱
都一同走進那深深的神色

四

常驚異於走廊的拐角
似燈的風貌向夜　你鎮定我的視度
兩輛車急急相錯而過
兩條路便死在一個交點上
當冬日的陽光探視著滿園落葉

我亦被日曆牌上一個死了很久的日期審視
在昨天與明日的兩扇門向兩邊拉開之際
空闊裡，沒有手臂不急於種種觸及
「現在」仍以它插花似的姿容去更換人們的激賞
而不斷的失落也加高了死亡之屋
以甬道的幽靜去接露臺挨近鬧廳
以新娘盈目的滿足傾倒在教堂的紅氈上
你的聲音在第九日是聖瑪麗亞的眼睛
調度人們靠入的步式

五

穿過歷史的古堡與玄學的天橋
人是一隻迷失於荒林中的瘦鳥
沒有綠色來確認那是一棵樹

困於迷離的鏡房　終日受光與暗的絞刑
身體急轉　像浪聲在旋風中
片刻正對　便如在太陽反射的急潮上碑立
於靜與動的兩葉封殼之間
人是被釘在時間之書裡的死蝴蝶
禁黑暗的激流與整冬的蒼白於體內
使鏡房成為光的墳地　色的死牢
此刻　你必須逃離那些交錯的投影
去賣掉整個工作的上午與下午
然後把頭埋在餐盤裡去認出你的神
而在那一剎那間的迴響裡　另一隻手已觸及永恆的前額

六

如此盯望　鏡前的死亡貌似默想的田園

黑暗的方屋裡　終日被看不見的光看守
簾幕垂下　睫毛垂下
無際無涯　竟是一可觸及的溫婉之體
那種神秘常似光線首次穿過盲睛
遠景以建築的靜姿而立　以初遇的眼波流注
以不斷的迷住去使一顆心陷入永久的追隨
沒有事物會發生悸動　當潮水流過風季
當焚後的廢墟上　慰藉自閤掌間似鳥飛起
當航程進入第九日　吵鬧的故事退出海的背景
世界便沉靜如你的凝目
遠遠地連接住天國的走廊
在石階上，仰望走向莊穆
在紅氈上，腳步探向穩定

七

吊燈俯視靜聽　迴音無聲
喜動似遊步無意踢醒古蹟裡的飛雀
那些影射常透過鏡面方被驚視
在湖裡撈塔姿　在光中捕日影
滑過藍色的音波　那條河背離水聲而去
收割季前後　希望與果物同是一支火柴燃熄的過程
許多焦慮的頭低垂在時間的斷柱上
一種刀尖也達不到的劇痛常起自不見血的損傷
當日子流失如孩子們眼中的斷箏
　一個病患者的雙手分別去抓住藥物與棺木
一個囚犯目送另一個囚犯釋放出去
那些默喊　便厚重如整個童年的憶念
　被一個陷入旋渦中的手勢托住
而「最後」它總是序幕般徐徐落下

八

當綠色自樹頂跌碎　春天是一輛失速的滑車
在靜止的淵底　只有落葉是聲音
在眉端髮際　季節帶著驚恐的臉逃亡
禁一個狩獵季在冬霧打濕的窗內
讓一種走動在鋸齒間探出血的屬性
讓一條河看到自己流不出去的樣子
歲月深處腸胃仍走成那條路
走成那從未更變過的方向
探首車外　流失的距離似紡線捲入遠景
汽笛就這樣棄一條飄巾在站上
讓回頭人在燈下窺見日子華麗的剪裁與縫合
沒有誰不是雲　在雲底追隨飄姿　追隨靜止
爬塔人已逐漸感到頂點倒置的冷意

下樓之後 那扇門便等著你出去

九

我的島 終日被無聲的浮浪雕
以沒有語文的原始的深情與山的默想
在明媚的無風季 航程睡在捲髮似的摺帆裡
我的遙望是遠海裡的海 天外的天
一放目 被看過的都不回首
驅萬里車在無路的路上 輪轍埋於雪
雙手被蒼茫攔回胸前如教堂的門閣上
我的島便靜渡安息日 閒如收割季過後的莊園
在那面鏡中 再看不見一城喧鬧 一市燈影
星月都已跑累 誰的腳能是那輪日
天地線是永久永久的啞盲了

當晚霞的流光　流不回午前的東方
我的眼睛便昏暗在最後的橫木上
聽車音走近　車音去遠　車音去遠

一九六〇年

解讀詩題、序曲

〈第九日的底流〉長詩，筆者以為屬詩人「絕對主觀的心靈活動」，只能如禪宗「以心傳心」去理解，是不能完全解讀的，所有文字語言都是不完全解讀，如瞎子摸象，只了解一小部分。但不解讀如何寫本文？僅權且解讀，當成不成熟的研究。

「九」字暗示極限、最後之意，引貝多芬〈第九交響樂〉（D小調第九交響曲合唱）為典。該曲為貝多芬創作於一八一八到一八二四年間的四樂章交響曲，是他完成最後一部交響曲，主要內涵歌頌人類之大愛、宇宙大自然之愛。本曲乃貝多芬最後代表作，獨創性之經典。

西方樂壇歷來有「第九交響樂的魔咒」（Curse of the ninth）迷思，來自貝多芬寫完第九交響樂就死了，留下未完的第十交響樂。德國作曲家馬勒（Gustav Mahler），不寫第九號作品，避開魔咒，而命名〈大地之歌〉。

第九日的「底流」，底流是暗流、潛流、潛勢，不也是一種魔咒！也可以影射人類對「最後大限」的不安。因不安引起深刻的反思，反思這條「路」通往何處？何處是終站，「我是路　你是被路追住不放的遠方」，遠方必然就是大限；於是，我們追求永恆，「你步返　踩動唱盤裡不死的年輪／我便跟隨你成爲迴旋的春日／在那一林一林的泉聲中」，這些意象很有神秘性，引人啟動心靈之默想。「日子笑如拉卡……可見的迴響」，迴響是用聽的，如何可見？可能指涉生命中有很多顛倒、底流，乃至不可知的不安因素，都引發生命的朽或不朽的思索！

解讀一

螺旋塔或螺旋體，應和羅門燈屋各種懸、立、掛的螺旋形狀有關，代表一種「羅門詩的哲學」，乃至美學和玄學等形而上的心靈哲思，詩中的螺旋和渾圓都是屬於東方哲思意涵。「鑽石針劃出螺旋塔……渾圓與單純忙於美的造型……純淨的時間仍被鐘錶的雙手捏住」。透過詩的世界，詩人終於走向永恆，浸潤在純淨的藝術世界，才能「我的心境美如典雅的織品　置入你的透明」。如冬日的雪景，在流光裡閃動，這是生命瞬間的光照。

解讀二

詩一開始，詩人已指引出「修行」方向，是「螺旋」式如唱片旋轉的思維，也就探索、追求全指向內心世界，而不外求，這和佛法的「萬法從心生」一樣。所以，「日日以三月的晴空呼喚……寧靜是一種聽得見的迴音……」。這個「迴音」正是自己的心靈呼喚，或按自己的宗教信仰，也是某某神的呼喚。但人要把身心靈完全淨化（達到佛菩薩境界），已非困難能形容，而是永恆的堅持與掙扎，只靠禮拜日的清洗，那六天又髒了，修行未成而「九」的大限已然來到。

「一切結構似光的模式　鐘的模式／我的安息日是軟軟的海棉墊　繡滿月桂花／將不快的煩躁似血釘取出／痛苦便在你纏繞的繃帶下靜思」。洗淨靈魂的過程是痛苦的，如同體內拔出煩惱的血釘，血釘拔出後，痛苦沉澱成靜思，煩惱化成菩提啊！

解讀三

日子一天天過，「眼睛被蒼茫射傷／日子仍迴轉成鐘的圓臉……那輛遭雪夜追擊的獵車」。眼睛為何被蒼茫射傷？因為兩眼所見，盡是蒼茫，一切都看不到真相。確實，如愛因斯坦所說，《金剛經》所述，人所見全是假相，三千大世界也是假相，世間何來真相？只有蒼茫。在蒼茫中，日子一天天過，過聖誕節，「窗户似聖經的封面開著／在你形如教堂的第九號屋裡」，窗戶開著暗示一種願景，遠方有一個美好的世界，也是詩人心中的一片淨土。在這純淨的國度裡，不存在任何暴力，各種武器裝備「都齊以協和的神色參加合唱／都一同走進那深深的注視」。啊！這是西方淨土，還是人間的世界和平。

解讀四

世界是永遠不會和平的，詩人心中已寧靜和平；正如地獄是永遠不會空的，但地藏菩薩心中的地獄是老早就已經空了。

第四章寫的是人生的常與無常和藝術的醇美享受。常者平常心看待一切，來去自如，緣起緣滅，處處有驚遇，「常驚異於走廊的拐角／似燈的風貌向夜　你鎮定我的視度」；而無常者，「兩輛車急急相錯而過／兩條路便死在一個交點上」。不論常或無常，陽光依然探視滿園落葉，時間還是要過去，只看怎樣過去！「死了很久的日期審視」，表示對過去的反省反思。

「在昨天與明日……「現在」仍以……而不斷的失落也加高了死亡之屋」。這幾行詩人不斷在時空中進行交替。這死亡之屋應是他另一巨作「死亡之塔」，生命最大的迴響是碰上死亡才響的，所以死亡非死亡，而是「涅槃」，乃生命藝術之最高享受，你心境「以新娘盈目的滿足」，你的第九日「是聖瑪麗亞的眼睛／調度人們靠入的步式」。你的心靈如聖瑪麗亞的眼睛，那般純潔，那樣慈愛的浸染眾生啊！

解讀五

動與靜、生與死、朽與不朽的思索，始終是羅門內心世界最熾熱的活動，這些是人生意義和價值的終極探索，永恆必須追問的命題。「穿過歷史的古堡與玄學的天橋／人是一隻迷失於荒林中的瘦鳥／沒有綠色來確認那是一棵樹……受光與暗的絞刑……」。每一代人都不會記取歷史教訓，都在迷失，找不到定位，看不清真相，人類乃終日受光與暗的絞刑。「人是被釘在時間之書裡的死蝴蝶」，一隻裝在標本框裡的死蝴蝶，與一個裝在棺材裡的死人有何差別？意義何在？陳寧貴也在提問：「美麗對蝴蝶本身已不再存在，卻存在想念牠的活者中。想來真是弔詭，不朽者並不繼續活在不朽者本身，只存活在還活著的人身上，這對不朽者的本身，到底是朽還是不朽？」（註⑨）誰能給個答案，羅門已經「不朽」了！

人生在動靜間、生死間，朽與不朽間掙扎，若能逃離「色的死牢」，逃離「那些交錯的投影」，最後認出你的神，或許有可能「觸及永恆的前額」。真正活出人生的意義和價值，那就快要觸及功德圓滿了！

解讀六

詩人在這章超越了「第九交響樂的魔咒」，而是「第九交響樂的靈魂牧歌，亦如佛教《心經》中無生無死的「涅槃」境界。「鏡前的死亡貌似默想的田園」，黑暗的方屋裡，**簾幕垂下……遠景以建築……當航程進入第九日，「吵鬧的故事退出海的背景／世界便沉靜如你的凝目／遠遠地連接住天國的走廊」**。死亡能連接住天國的走廊，即非死亡，而是永生。

當然，涅槃、永生、死亡、天國等概念，在基督天主和佛教，完全有不同的理論和教義，此處只是比喻。不談教義，只論詩意，「遠遠的連接住天國的走廊」和「遠遠的連接住彌陀的淨土」，二者無分別！

解讀七

這章寫的是人生的幻境和困境，以及對「新生」的追求。「**吊燈俯視靜廳　迴音無聲**」，靜廳怎有迴音？有迴音怎會無聲？湖裡撈姿，光中捕日影，都是白做工，都是幻影，如鏡中水月。暗示人生如幻，如《金剛經》四句偈，一切有為法，如夢幻泡影，如露亦如電，應作如是觀。然而，我們都活在現實世界裡，那條河背離水聲而去，逝者如斯，不分晝夜，充滿困境，到境是矛盾。「**希望與果物同是一支火柴燃熄的過程……病患者的雙手分別去抓住藥物與棺木……**」眾生愚昧，不知生命往何處去？被許多焦慮與悲劇糾纏著。

幸好詩人給生命的「最後」，開啟一道「新生」的門。「那些默喊……而「最後」是序幕般徐徐落下」。生命的最後該是閉幕般徐徐落下，詩人用「序幕般」，暗示另一段新生命才正要開始，民俗叫往生，佛法則稱轉世再生。

解讀八

羅門在〈我的詩觀與創作歷程〉一文，提到一九六〇年創作的〈第九日的底流〉，詩中對生命與時空所激發的回音，已從往昔浪漫情思外射的紅色火焰，向內收斂，而冷凝與轉化成為穩定與較深沉的藍色火焰。從此開展抽象、象徵、超現實感覺的詩路。（註⑩）也就是羅門的「第三自然」以美為主體的詩境界和詩語言，這第三自然可能與「上帝」的天國為鄰。若以佛法詮釋，是純粹的世界，真理的世界，佛菩薩的世界。「當綠色自樹頂跌碎　春天是一輛失速的滑……禁一個狩獵季在冬霧打濕的窗內」，抽象與象徵的第三自然詩語言，一定在探索什麼？

「讓一種走動在鋸齒間探出血的屬性／讓一條河看到自己流不出去的樣子……沒有

誰不是雲……」這個超現實情境暗示一種人生的困境，不是來自外面環境的困境，而是內心有矛盾、有困境，在掙扎著，要怎樣超越？

解讀九

無畏一切，以永恆的決心追尋生命的永恆，是羅門的詩觀和人生觀，最終達到「第三自然」的境界。「我的島　終日被無聲的浮浪雕……我的遙望是遠海裡的海　天外的天／一放目　被看過的都不回首」。追尋真理是永無盡頭的，遠海之海，天外之天也要找到。

最後是呈現一種生命境界，「星月都已跑累　誰的腳能是那輪日／天地線是永久永久的啞盲了……聽車音走近　車音去遠　車音去遠」。這片寂靜的風景，在寂靜中的迴音，又逐漸消失於遠方……遠方……

整體賞體〈第九日的底流〉，詩壇上公認意象繁複之美，節奏上波瀾起伏，氣勢上盤旋變化，實為現代詩之空前。一股向內探索的精神動力，流淌著雄渾悲壯動感，驅動著詩人和讀者深入探索生與死的問題。若讀者有所悟，也有機會到「第三自然」，和羅門當鄰居。

參、Dr. yuzon：偉大的東西〈麥堅利堡〉

一九六九年（民58），羅門和蓉子被選派為中國五人代表團出席在菲律賓馬尼拉召開的第一屆世界詩人大會。時大會主席尤遜（Dr. yuzon），在開幕典禮上當著數百位來自美國、蘇聯等五十多個國家詩人代表，讚說：「羅門的〈麥堅利堡〉詩，是近代的偉大作品，已榮獲菲律賓總統金牌詩獎。」

接著，在大會的世界詩人作品朗讀發表會上，美國詩人代表高肯（W. H. Cohen）教授以英文朗讀完〈麥堅利堡〉，並高喊：「It is a great poem.」，大會主席尤遜再對觀眾說：「羅門帶著偉大的東西到會裡來」。（註⑪）

儘管我個人一向不同意將「偉大」二字，加在現當代仍在世或往生不久的任何人頭上，不論政壇上的蔣介石或毛澤東，詩壇上羅門或余光中洛夫等。以前我們高呼「偉大的領袖」，那是不實在的政治語言，經幾百年洗禮還偉大，才是真偉大。我認為，「偉大」二字至少要經過三百年，或至少所處的時代政權和人全部不在了，經過這樣時間的洗選、判決，才合於偉大的真實與內涵，才無愧於「偉大」二字。

但，那是我個人看法，對歷史、真理等，我比較嚴謹看待，惟在國際詩人大會那樣場合，一個「中國詩人」的作品，能被表揚並共認是「近代的偉大作品」。這是不得了、了不得的事，吾亦有榮焉。

陳寧貴對〈麥堅利堡〉讀後感慨甚深，是不是他也是出身軍人？也曾是一部「戰爭機器」！他看待戰爭，猶如薛西弗斯推動巨石上山，吳剛砍伐桂樹，總是週而復始延綿不絕，生之苦難。（註⑫）如是，吾等再好好賞析〈麥堅利堡〉。（註⑬）

麥堅利堡

超過偉大的
是人類對偉大已感到茫然

戰爭坐在此哭誰
它的笑聲　曾使七萬個靈魂陷落在此睡眠還深的地帶

太陽已冷　星月已冷　太平洋的浪被砲火煮開也都冷了
史密斯　威廉斯　煙花節光榮伸不出手來接你們回家
你們的名字運回故鄉　比入冬的海水還冷
在死亡的喧噪裡　你們無救　上帝的手呢
血已把偉大的紀念沖洗了出來
戰爭都哭了　偉大它為什麼不笑
七萬朵十字花　圍成園　排成林　繞成百合的村
在風中不動　在雨裡也不動
沉默給馬尼拉海灣看　蒼白給遊客們的照相機看
史密斯　威廉斯　在死亡紊亂的鏡面上　我只想知道
　　那裡是你們童幼時眼睛常去玩的地方
　　　那地方藏有春日的錄音帶與彩色的幻燈片

麥堅利堡　鳥都不叫了　樹葉也怕動
凡是聲音都會使這裡的靜默受擊出血

空間與空間絕緣　時間逃離鐘錶
這裡比灰暗的天地線還少說話　永恆無聲
美麗的無音房　死者的花園　活人的風景區
神來過　敬仰來過　汽車與都市也都來過
而史密斯　威廉斯　你們是不來也不去了
靜止如取下擺心的錶面　看不清歲月的臉
在日光的夜裡　星滅的晚上
你們的盲眼不分季節地睡著
睡醒了一個死不透的世界
睡熟了麥堅利堡綠得格外憂鬱的草場

死神將聖品擠滿在嘶喊的大理石上
給昇滿的星條旗看　給不朽看　給雲看
麥堅利堡是浪花已塑成碑林的陸上太平洋
一幅悲天泣地的大浮雕　掛入死亡最黑的背景

七萬個故事焚毀於白色不安的顫慄
史密斯　威廉斯　當落日燒紅滿野芒果林於昏暮
神都將急急離去　星也落盡
你們是那裡也不去了
太平洋陰森的海底是沒有門的

註：麥堅利堡（Fort Mckinly）是紀念第二次大戰期間七萬美軍在太平洋地區戰亡；美國人在馬尼拉城郊，以七萬座大理石十字架，分別刻著死者的出生地與名字，非常壯觀也非常悽慘地排列在空曠的綠坡上，展覽著太平洋悲壯的戰況，以及人類悲慘的命運，七萬個彩色的故事，是被死亡永遠埋住了，這個世界在都市喧噪的射程之外，這裏的空靈有著偉大與不安的顫慄，山林的鳥被嚇住都不叫了。靜得多麼可怕，靜得連上帝都感到寂寞不敢留下；馬尼拉海灣在遠處閃目，芒果林與鳳凰木連綿遍野，景色美得太過憂傷。天藍，旗動，令人肅然起敬；天黑，旗靜，周圍便暗然無聲，被死亡的陰影重壓著……作者本人最近因公赴菲，曾與菲作家施穎洲，亞薇及畫家朱一雄家人往遊此地，並站在史密斯威廉斯的十字架前拍照。

民國五一年（一九六二）

〈麥堅利堡〉一詩，後來譯成多國文字，中外文壇詩界有很多評論，普遍而言，有讚嘆是一代經典，頌揚是偉大的作品較多。亦有不少反面評價，對於提出指正者，舉少數評論供參考如下。（註⑭）

詩人白萩：「美麗的無音房，死者的花園，活人的風景區」句，用來比喻麥堅利堡墳地是不恰當的。

詩人林宗源：「煙花節光榮伸不出手來接你們回家，你們的名字運回故鄉比入冬的海水還冷」。「光榮」二字可去掉並認為這句詩不通，名詩不能犯下不通的錯誤。偉大的作品，怎麼可以不通！

詩人傅敏：「你的名字運回故鄉比入冬的海水還冷」。這句詩用的不當，使人感到適其反的效果，理由是除了極帶冬天的海水是溫暖的。

詩人明台：「你們是不來也不去了」與「你們是那裡也不去了」，這兩句詩顯雜蕪。

詩人陳鴻森：「這裡比天地線還少說話，永恆無聲」，這兩句話相矛盾。

詩人鄭烱明：「你們的盲眼不分季節地睡著，睡醒了一個死不透的世界」，語意曖昧，後句改成「睡成了一個死不透的世界」才夠清楚。

以上不過舉其部份。但這也是我主張「偉大」至少要經幾百年時間洗禮，幾代讀者無情的評論、汰選，才能決定作品和作者，是否合乎「偉大」二字。至於，前述那些不當、不妥、不通、矛盾、雜蕪等評論，也都一家之言，羅門也有清楚的答辯。這很好，真理不是拿來參拜的，而是拿來批判的，再批判一百年，是否偉大？應就更清楚了，相信這首詩是經得起批判的。

在解讀這首詩的當下，我理解羅門詩中起現實語言的不可解特性，那是詩人「絕對主觀的心靈活動，精神層界的神秘語言」，只能如禪宗以心傳心去感受。所有的解讀，都是不完全解讀。

詩題引句「超過偉大的／是人類對偉大已感到茫然」，是一句有力道的詩語言，不難理解。例如，幾十年前大家天天高喊「偉大的蔣總統」，日日年年的喊，全民喊，這便成「超過偉大的」，結果就造成人民對偉大的麻木、茫然。任何方面都是，一個社會天天高喊四維八德，最後人會對這些痲木、茫然。

「戰爭坐在此哭誰／它的笑聲……你們的名字運回故鄉　比入冬的海水還冷」。戰爭本來就是非理性的，像一個瘋子，面對這七萬個陷落的靈魂，一下哭一下笑，這是很大的諷喻，帶有強烈的批判。戰後是政客的舞台，沒死的軍人正享受著升官的喜悅，還有誰去理會那些死在海外的軍人，所以說「太陽已冷　星月已冷」。把你們名字運回故鄉，也「比入冬的海水還冷」，這是在諷刺美國當時的社會、政壇、民心，大家顧著煙花節光榮歡樂，永遠不會接你們回家。史密斯、威廉斯們，你們就持續躺在馬尼拉城郊吧！這是政治的現實與黑暗！

只有詩人悲天憫人關心著，「在死亡的喧噪裡　你們無救　上帝的手呢……沉默給馬尼拉海灣看　蒼白給遊客們的照相機看」。國家人民不救你們，期待上帝來救你們，尚未見上帝出手，你們只得在這裡，自成一村，「在風中不動　在雨裡也不動」，當成一個風景區給人參觀。而史密斯、威廉斯，寂寞的時候，你們就各自回憶一下童年那些美好的事物吧！

第二段寫麥堅利堡的「靜」，靜的可怕！靜成一個叫人恐懼的世界（樹葉也怕）。

「麥堅利堡　鳥都不叫了　樹葉也怕動……美麗的無音房　死者的花園　活人的風景區」。一切都是孤立的、絕緣的，連時間也消失了，有一點聲音都會使靜默受擊出血，表示沒有任何聲音。只有觀光客來參觀，「你們是不來也不去了」，無去來，就僅在原地不動。

「靜止如取下擺心的錶……睡熟了麥堅利堡綠得格外憂鬱的草場」。這幾句都在形容一種「死寂」的情境，「睡醒了一個死不透的世界」，睡著了不能感受「死不透的世界」，所以用一個「醒」字。至於何處是死不透的世界，大約就是悲慘又悲壯的世界，讀沙牧的《死不透的歌》或許可以領悟「死不透」情境。（註⑮）沙牧的死不透是小悲壯，麥堅利堡的死不透是巨大的悲壯。但這些，睡醒才有感，睡熟了都無感，不過一座綠色草場。

第三段再呈現一次悲壯顫慄的景象，極有啟示作用，暗示並質疑戰爭的意義和代價。「死神將聖品擠滿在嘶喊的大理石上……陸上太平洋」，這詩句讓人驚恐，七萬個靈魂排列成陸上太平洋，悲天泣地的大浮雕。這「陸上太平洋」的意象太可怕了，人神鐵定都嚇壞了。這樣的驚恐和不安，連神也待不住，「當落日燒紅滿野芒果林於昏暮

／神都將急急離去　星也落盡」。神也跑了！星星也走了！只有你們走不了！真是怎一「悲」和「慘」了得！人能不受感動乎？

「你們是那裡也不去了／太平洋陰森的海底是沒有門的」。最後是悲劇、時間、空間交感出詩中全面性的「時空交感戰慄性」，羅門強調如何對「時空、永恆陷在沈痛的昏迷中」之把握。這首詩沒有一句反戰語言，但詩人呈現給世界，給全人類的，是一幅因戰爭而起的「悲慘世界」，詩人企圖用悲慘敲擊人類的良知良能，敲醒人類的心靈。詩人是醒的，惟人類永恆不醒，為何？

陳寧貴給了答案，「一群群人甚至在心中，暗藏著秘密的意識形態，絕不與人妥協分享，與他不同者，淪為非我族類，爾虞我詐，互相偵測試探清勦凌遲。」（註⑯）羅門寫出怵目驚心的濁惡、悲慘世界，只是七萬個靈魂是敲不醒全人類的。

肆、〈窗〉、〈傘〉、〈全人類都在流浪〉

陳寧貴在《華文現代詩》第二、九、十四期，特別介紹、分析羅門幾首很有代表性的短詩：〈窗〉、〈傘〉和〈全人類都在流浪〉，尚有一些補綴的空間。首先賞讀〈窗〉。（註⑰）

猛力一推　雙手如流
　總是千山萬水
　總是回不來的眼睛

遙望裡
你被望成千翼之鳥
棄天空而去　你已不在翅膀上
聆聽裡
你被聽成千孔之笛
音道深如望向往昔的凝目

猛力一推　竟被反鎖在走不出去
　　　　　　的透明裡

陳寧貴在《華文現代詩》九、十四期，有兩篇文章談這首詩，解讀的很正確，不再贅述，僅從詩學上再補綴創作的心靈視界。張漢良先生曾明確判定：「羅門是台灣少數具有靈視（poetic Vision）的詩人之一。」（註⑱）靈視，是心靈的視界視域，即是心靈的洞見，可以用「類天眼、類佛眼」的高度形容。〈窗〉一詩正是這樣智性悟性的靈視呈現。

透過對窗的推、望、聽三個連續動作，闡明世界二分法的衝突，自由與禁固、精神與肉體、自然與人為等。詩人企圖解放自己的願望，故「猛力一推　雙手如流」，眼睛也不想回頭了，把自己解放，奔向大自然，千山萬水，神遊太虛，幻化成一隻千翼之鳥，連天空和翅膀都是限制，所以「棄天空而去　你已不在翅膀上」。這是一隻比宇宙更大，比光速更快的鳥嗎？

「你被聽成千孔之笛」，不知道「千孔笛」怎麼吹法？可能是某種形而上的幻境，幽默深邃，精神超脫的快感溢於言表。然而，好景不長，短暫的解放，又被「反鎖」關起來，「透明」甚妙，像是無形透明的鎖鏈，困住每個人。〈窗〉成一個巨大的靈視，觀照現代人的困境，欲擺不脫，欲破無能的窘態，透過推窗的動作，充滿一種智性悟性的靈視。賞讀另一首〈傘〉。（註⑲）

他靠著公寓的窗口
看雨中的傘
　走成一個個
　孤獨的世界
想起一大群人
每天從人潮滾滾的
　公車與地下道
裹住自己躲回家
　把門關上
忽然間
公寓裡所有的住戶
全都往雨裡跑
　直喊自己
　也是傘

他愕然站住
把自己緊緊握成傘把
而只有天空是傘
雨在傘裡落
傘外無雨

陳寧貴將〈窗〉和〈傘〉二詩，稱存在主義的詩，亦頗富禪境。「直喊自己／也是傘……雨在傘裡落／傘外無雨」，如吾國南北朝梁朝傅大士的詩偈：「空手把鋤頭，步行騎水牛；人從橋上過，橋流水不流。」（註⑳）除了創造理趣、幽默外，也是禪者修行境界，把世間法的正反、左右、動靜、黑白、來去等分別心概念，調和統一起來，流與不流，有和無……都不是兩回事，而是一回事。用無分別心、平等心，看待世間事，便是佛法。

當然，〈傘〉不在說佛法，但有禪意，有佛法的境界。所有住戶往雨裡跑，喊著自己是雨傘，傘外無雨，這「幻境」有所暗示，影射現代人承受巨大的壓力，人都產生「異

化」，借助住戶和傘的轉換關係，觀照現代人、現代社會，到處都是顛倒，人人在困境中掙扎。賞讀〈全人類都在流浪〉。（註㉑）

人在火車裡走
火車在地球裡走
地球在太空裡走
太空在茫茫裡走
誰都下不了車
印在名片上的地址
　　全是錯的

現代人普遍有些天文常識，對這首詩很容易理解，另可詳看陳寧貴在《華文現代詩》第二、十四期的評文。筆者在《華文現代詩》第九期，有〈我到底在那裡？〉一詩，可做〈全人類都在流浪〉之補綴：（註㉒）

「我到底在那裡？」
我勸你別找了
都是白做工
按照我哥哥愛因斯坦的定律
我在那裡？
你在那裡？
他在那裡？
大家在那裡？
從未有人知道
我哥哥也不知道他在那裡？
因為，到底
太陽系走到那裡了？
銀河系又走到那裡了？
眾神也都不知道

我想，這首詩補綴〈全人類都在流浪〉，應是極佳的註腳說明，就更清楚為何全人類都在流浪？為何名片上的地址全是錯的。現在你不覺得驚訝吧！現代人因教育程度較高，普遍有少許天文常識，對這詩意應不難理解。

伍、結論：定居於第三自然詩國的羅門

陳寧貴在〈探尋詩人羅門的詩想境界〉一文，從三個層面確立羅門詩學的歷史地位：㈠出神入化的詩想境界；㈡顫慄性的美感詩想境界；㈢悲天憫人的詩想境界。（註㉓）筆者深覺羅門詩中確實有這三種意涵，他實在是台灣詩壇的奇才，未來在中國文學史一定有很高評價。但是否達到「偉大」？非現在任何人說了算數，讓未來歷史去判定。惟本文主要從陳寧貴的羅門詩研究再衍繹，再補綴研究，以陳寧貴〈詩道〉詮釋羅門詩，為本文小結。（註㉔）

你說，人急著走出身體
鳥急著飛出翅膀

這時，我看見你
雙手如流

右手輕輕推開
狂風亂雲的時間之門
左手輕輕推開
翻山倒海的空間之門

人間的風花雪月
遽然從你的心靈深處
以千色萬彩
飛出

思想的天光雲影
隨即沿著你的螺旋詩道

以千視萬聽
湧來

近半世紀來，有詩人和詩評家盛讚羅門，「當代中國詩壇都市詩與戰爭主題的巨擘」，是「在文明塔尖上造塔的詩人」，他能掌握永恆藝術「最內裡最震撼的剎那脈動」，他是「現代詩守護神」。這些美譽，包含前述不通、不妥、不宜等評論，全部留給未來的歷史，由「時間判官」最後定讞。那時，早已定居在第三自然詩國的羅門，對判決書怎麼寫，根本也不在乎。

註釋

①陳寧貴，〈探尋詩人羅門的詩想境界〉，《華文現代詩》第十四期（台北：文史哲出版社，二〇一七年八月），頁三八—四九。

②傅斯年，《臺灣大學辦學理念與策略》（台北：臺大出版中心，二〇一二年十月，第二版），詳見書末〈年表〉。傅斯年，字孟真，生於清光緒二十二年（一八九六），卒於民國三十九年，享年五十五歲。他是近代中國新文化運動先驅，中央研究院歷史語言研究所的創建者。曾任

北京大學教授、臺大第四任校長（一九四九年元月～一九五〇年十二月）。

③人間福報，二〇一六年十一月二十四日。

④同註①。

⑤陳寧貴，〈第九日的底流〉，《華文現代詩》創刊號（台北：文史哲出版社，二〇一四年五月），頁二八。

⑥同註①。

⑦羅門創作大系，卷四，《自我・時空・死亡詩》（台北：文史哲出版社，民國八十四年四月十四日），見附錄，呂錦堂，〈詩的三重奏——評介羅門的詩〉一文，頁一四七—一六四。

⑧羅門，〈第九日的底流〉，同註⑦書，頁四二—五二。

⑨同註⑤。

⑩羅門，〈我的詩觀與創作歷程〉，同註⑦書，頁二五。

⑪〈詩人，詩評家讀〈麥堅利堡〉詩的部份評語〉，羅門創作大系，卷七，《《麥堅利堡》特輯》（台北：文史哲出版社，民國八十四年四月十四日），頁二三—四四。

⑫同註①。

⑬羅門，〈麥堅利堡〉，同註⑪書，頁三一五。

⑭見註⑪書，第五部份。

⑮沙牧，《死不透的歌》詩集（台北：爾雅出版社，一九八六年）。沙牧，本名呂松林，山東海陽人，一九二八年九月十二日生，一九五〇年六月來台，現代派詩人，一九六八年車禍去世，才五八歲。

⑯同註①。

⑰羅門，〈窗〉，同註⑦書，頁七五。〈窗〉一詩在《華文現代詩》九、十四期的排列，與羅門創作大系有異，本章引羅門創作大系〈卷四〉為準。

⑱陳仲義，《現代詩技藝透析》（台北：文史哲出版社，二〇〇三年十二月），詳見第七章，〈靈視：智性的燭照與悟性的穿透〉。

⑲羅門，〈傘〉。陳寧貴對這首詩的研析，在《華文現代詩》十四期，與另一〈窗〉的評論，都收在《羅門創作大系》第四卷內。

⑳傅翕，世稱傅大士。字玄風，號善慧，浙江省義烏市雙林人。生於南北朝魏明帝建武二十一年（四九七年），卒於齊後主天統五年（五六九年）。

㉑羅門，〈全人類都在流浪〉，轉引陳寧貴在《華文現代詩》第二、十四兩期評羅門詩的文章。

㉒陳福成，〈我到底在那裡？〉，《華文現代詩》第九期（台北：文史哲出版社，二〇一六年五月），頁一一二。

㉓同註①。

㉔陳寧貴，〈詩道〉，《華文現代詩》第十二期（台北：文史哲出版社，二〇一七年二月），二六。

第十三章 陳寧貴的蓉子詩研究再補綴研究

近幾年來，陳寧貴勤於研究羅門和蓉子的詩作，也略談些這兩位詩壇夫妻檔的傳奇故事，已儼然是羅門蓉子的研究專家。我所能補綴再研究的空間，已大大的壓縮，但這兩位台灣（也是現代中國）詩壇的天王和天后，應該是一座挖不完的「寶礦」，各種貴重元素都有，深不可測，可供幾代人挖，只是筆者挖礦本領不足！

阿貴在《華文現代詩》第四期，有〈星沉荷池的古典音韻之美〉主要讀介蓉子〈一朵青蓮〉一詩，也談到〈青鳥〉和〈維納麗莎組詩〉系列。就先賞讀蓉子「小姐時代」（一九五〇年、二十二歲）的作品，〈青鳥〉一詩。（註①）

從久遠的年代裡——
人類就追尋青鳥，

青鳥，你在那裡？

青年人說：

青鳥在邱比特的箭簇上。

中年人說：

青鳥伴隨著「瑪門」

老年人說：

別忘了，青鳥是有著一對

會飛的翅膀啊……

年輕的蓉子小姐正是一隻正準備起飛的青鳥，追尋古來所有人類最想要的東西，那是一隻「青鳥」。所以，青鳥是一種象徵，人人都想要的「寶物」，人生在每個階段想要寶物都不同，青年人要的就是愛，愛人愛情，才是心中的最愛。

到了中年就很複雜，愛還是需要的，只是伴隨著「瑪門」。瑪門（Mammon，也寫作 Amon. Amen. Amun 等），是新約聖經中，用來描述人類七宗罪中的貪婪，在古敘利亞語則是財富，牛津詞典指的是財神。財富用於布施就是佛法，用於各種罪惡都是貪婪。人在中年時「青鳥伴隨著瑪門」，表示人在中年時大多是職場上的打拚者，可能會在罪惡邊緣浮沉，很難脫困，人在江湖吧！

人必待到老年，才會悟出人生一些道理，因為經過風浪洗禮，又已退出職場，較能以平常看待世間人事。「別忘了，青鳥是有著一對/會飛的翅膀啊……」。老人家這樣提醒後輩，人生要發揮想像力，才能飛得高遠。但翅膀本來就長在青鳥身上，為何年輕沒發現自己本有翅膀？詩外之意也暗示著，「寶物」本來就在人身上（如佛法等），不須外求，只看何時覺悟！

這首詩寫出人類的「共相」，以二十二歲的蓉子能有如是深度的作品，證明這小姐未來不得了。果然，一九五三年《青鳥集》出版，她的作品為人爭誦，一隻青鳥飛向藍天。賞讀〈一朵青蓮〉。（註②）

有一種低低的迴響也成過往　仰瞻
祇有沉寒的星光　照亮天邊
有一朵青蓮　在水之田

在星月之下獨自思吟

可觀賞的是本體
可傳誦的是芬美　一朵青蓮
有一種月色的朦朧　有一種星沉荷池的古典
越過這兒那兒的潮濕和泥濘而如此馨美！

幽思遼闊　面紗面紗
陌生而不能相望
影中有形　水中有影
一朵靜觀天宇而不事喧嚷的蓮

紫色向晚　向夕陽的長窗
儘管荷蓋上承滿了水珠　但你從不哭泣
仍舊有蓊鬱的青翠　仍舊有妍婉的紅焰

從澹澹的寒波　擎起

一九六八年

陳寧貴給這首詩下的結論是，「詩意精美，樂音淋漓，只可意會難以言傳……」（註③）這又回到禪宗或神秘世界，言語文字功能都失效了。仍要盡可能去解讀，詩人用蓮比喻自己，事實上是人生觀、人生哲學的詩寫。蓮不管那個顏色，都有象徵純潔、高貴之意，有孤寂和安靜的意象，不受四周紛亂環境的影響。蓉子也很能創造新詞，如沉寒、思吟、芬美、馨美、寒波、仰瞻，讓整首詩顯得創意十足。

「有一朵青蓮　在水之田／在星月之下獨自思吟……越過這兒那兒的潮濕和泥濘而如此馨美」。都是蓮的特質，獨立又出泥濘而不染，當然就是詩人自己的自信和個性。阿貴把這個淵源推到蓉子〈維納麗沙組曲〉之一的〈維納麗沙〉。（註④）

維納麗沙
你不是一株喧嘩的樹
不需用彩帶裝飾自己，

你靜靜地走著
讓浮動的眼神將你遺落
因你不需在炫耀和烘托裡完成
——你完成自己於無邊的寂靜之中

從「一朵靜觀天宇而不事喧嚷的蓮」到「你不是一株喧嘩的樹／不需用彩帶裝飾自己」。正是蓉子一生給人的形像，清新脫俗的身影，寂靜婉約的詩風，靜靜的完成人生的自我實現，「你完成自己於無邊的寂靜之中」。不是別人的烘托提拔才能完成。賞讀另一首傳頌最多的代表作，〈我的粧鏡是一隻弓背的貓〉。（註⑤）

我的粧鏡是一隻弓背的貓
不住地變換它底眼瞳
致令我的形像變異如水流

一隻弓背的貓　一隻無語的貓
一隻寂寞的貓　我底粧鏡
睜圓驚異的眼是一鏡不醒的夢
波動在其間的是
時間？　是光輝？　是憂愁？

我的粧鏡是一隻命運的貓
如限制的臉容　鎖我的豐美於
它底單調　我的靜淑
於它底粗糙　步態遂倦慵了
慵困如長夏！

捨棄它有韻律的步履　在此困居
我的粧鏡是一隻蹲居的貓
我的貓是一迷離的夢　無光　無影

　　也從未正確的反映我形像

陳寧貴在〈妝鏡與弓背的貓〉一文，先提出各家解讀。（註⑥）例如，以貓和粧鏡暗喻父權陰影下女性的命運，或欲擺脫父權下的困境。筆者以為這樣解讀，和貓或粧鏡無法「連接」，從現代主義藝術流行的「變形」法則，或許可以找到「連接點」。變形布滿現代主義各類作品，繪畫上揚棄傳統的明暗對比，將對象瓦解成各幾何圓形的主觀組合。而詩歌的變形呢？現代詩人啟用非理性圖式，如夢幻、錯覺，使物象變形脫離常軌，所謂大跨度、超跨度現象，有如變魔術。變得越離譜，就越是可以獲得更多觀眾（讀者）。

可以舉出台灣詩壇上有名的「變形」。（註⑦）管管把「一車痲臉」，變形為一鍋「糯米稀飯」；商禽教「黃狗尾巴」變形為太空「旋轉的木屋」；羅門把教堂變形為不銹鋼洗衣機，周夢蝶把地球變形成鴨卵，羅英使女人眼瞳變形成「唱片」。凡此，都在詩壇引起正反各種論戰，有些則成為現代詩典範。

蓉子名作〈我的粧鏡是一隻弓背的貓〉，正是情感變形的範例。鏡子和貓，風馬牛不相及，一個是物理世界的日用物品，一個是動物世界媚誘人的尤物，詩人在某種情境中，忽然找到「鏡面」和「瞳仁」的連接點。這個連接點可能也是陳寧貴在〈妝鏡與弓背的貓〉，該文所提到的「冰山理論」，他好奇問蓉子這首詩的創作緣起，所得到的實證。

說到這首詩的內涵，筆者以為多少有些象徵詩人自己的「自畫像」，因為粧鏡和貓完全是女人象徵。尤其是貓，正是象徵女人的媚力，有化粧品廣告為強調「女人味」，找一隻貓當畫面主角，強調貓瞳媚誘力，以粧鏡做為女人靜態意涵，貓則是女人動態意涵，二者就很自然的「接軌」了。

這詩中「弓背的貓、無語的貓、命運的貓、蹲居的貓」，可謂是女詩人的各種形像。貓也有一些神秘象徵，暗示有媚力的女人應有貓的神秘性，這是女人美的一部份，不可或缺。女人的「美」，加上一點神秘感，更有媚力。詩句「一鏡不醒的夢、我的貓是一迷離的夢」，都是在製造詩意中的神秘感。

最後一句「也從未正確的反映我形像」。這是當然，一切的比喻、象徵、反映，都是不完全的，詩人尚有更多美感、媚力、神秘，都尚未反映出來，這是詩人的自信。萬物都有其「本來的樣子」，詩人是一個不凡的詩人，也是女人，她當然也要展現她「女人的樣子」。

二〇一五年十二月二十三日午後，《華文現代詩》的彭正雄、鄭雅文、林錫嘉、曾美霞、莫渝、陳寧貴、劉正偉等一行人，去探望已八十九歲的蓉子。陳寧貴有一首探望感想，為本文結尾。〈詩想起—蓉子〉。（註⑧）

於無邊的寂靜中
桂花樹悠然
長出
一叢叢花香

青蓮在澹澹的寒波上
忘我的青翠著
突然月光驚起
一朵紅燄

一隻青鳥

曾經乘著邱比特的箭而來
翅膀裡藏著永
不老飛翔

猶如一次又一次
悅讀的詩的容顏
不生皺紋
光可鑑人

詩人總是真誠而敏感，真性情很容易展露，最近阿貴常想起蓉子，因為認識她時她才五十餘歲，現在（本文完成的二〇一七年八月底）九十幾歲了。而羅門已去了「第三自然」的天國，阿貴要更深入研究蓉子，要快把握機會！

註　釋

①蓉子，〈青鳥〉，《千曲之聲：蓉子詩作精選》（台北：文史哲出版社，民國八十四年四月

十四日），頁五。

②蓉子，〈一朵青蓮〉，同註①書，頁六四—六五。

③陳寧貴，〈星沉荷地的古典音韻之美—讀介蓉子的〈一朵青蓮〉〉，《華文現代詩》第四期（台北：文史哲出版社，二〇一五年二月），頁二〇—二一。

④蓉子，〈維納麗沙組曲〉之一〈維納麗沙〉，同註①書，頁九二。

⑤蓉子，〈我的粧鏡是一隻弓背的貓〉，同註①書，頁二一七—二一八。

⑥陳寧貴，〈妝鏡與弓背的貓〉，《華文現代詩》第七期（台北：文史哲出版社，二〇一五年十一月），頁二五—二六。

⑦陳仲義，《現代詩技藝透析》（台北：文史哲出版社，二〇〇三年十二月），詳見第十五章，〈變形：主觀的心靈化表現〉。

⑧陳寧貴，〈耶誕前與蓉子溫馨相聚〉，《華文現代詩》第八期（台北：文史哲出版社，二〇一六年二月），頁一九。

第十四章　〈從歌詩到歌詞〉，緣起
巴布狄倫的詩民歌

在《華文現代詩》第十三期，陳寧貴有〈從歌詞到歌詩〉一文。（註①）討論的是二〇一六年諾貝爾文學獎得主，美國民謠吉他歌手巴布狄倫和他的代表作，並論及民歌歌詞是不是詩的問題？以詩人余光中為代表看法。另外也介紹寧貴兄的兩首詩〈傘〉和〈居〉，也由音樂人韓正皓譜曲，在國內風唱流行一時。

巴布狄倫是筆者從年輕（高中後）就喜觀的對象，可能也緣於學習民謠吉他的關係，巴布狄倫的作品始終伴我一路成長。至今，要進入老年了，我還常拿著吉他彈唱他的代表作品，〈隨風飄盪〉（Blowing in the wind）。加上他得了諾貝爾文學獎，他成了全球風行的話題（含爭議），為回應並補充〈從歌詞到歌詩〉一文，特作本文。

壹、民謠吉他手巴布狄倫生平創作歷程簡介

巴布・狄倫（Bob Dylan），原名羅伯特・艾倫・尼莫門（Robert Allen Zimmerman）。一九四一年生於美國北部的明尼蘇達州西賓（Hibbing）郡。他以彈、唱、創作吉他民謠著名於世，風格大致在民謠、藍調、搖滾、鄉村範圍內，從一九六一年發布首張專輯，至今半個多世紀，影響力仍不減。他現住在加利福尼亞州馬利市，享受著名利雙收的晚年生活。

回顧他一生真是奇蹟也是天才，他自幼天資聰敏，卻是個逃家的孩子。由於他對流行音樂有濃厚的興趣，十歲就離家，在外四處流浪。據聞和一些歌手混在一起，但這些故事在他成名後，有不同說法，也解讀不同。

▶二〇一二年五月，美國總統歐巴馬頒布自由勳章予鮑勃．狄倫。有趣的是他倆都得過諾貝爾獎，也都受到質疑。

高中畢業後，因為他討厭正規教育，仰慕當時一位民謠歌手伍迪・蓋瑟瑞（Woody Guthrie）。（註②）於是他隻身到紐約市曼哈頓南區的一個格林威治村（Greenwich Village），這裡住的都是作家、藝術家、創作者，當時稱「民歌聖地」。不久，他到新澤西州探望臥病中的伍迪，這使得這位民謠前輩大為感動，便將一生經驗悉心相授。

巴布狄倫從伍迪身上學到珍貴的東西，如作曲技巧和風格的把握、特殊口琴吹奏法，乃至社會經驗和人生哲學等。當然，這得加上巴布狄倫的天資、學習精神、世事敏銳觀察、對文學作品的渴望吸收，才二十歲就發布首張個人專輯。他的作品顯得思想超前，有哲學思想的高度，有豐富的詩意涵，很快風行全美的粉絲，成為時代的發言人，俱有濃厚的抗議和反戰意識。

巴布的暢銷曲可謂不計其數。如〈Blowing in the wind〉、〈Times They are a Changing〉、〈Like a rolling Stone〉、〈It's all right〉、〈knocking on the Heaven's door〉、〈Hurricane〉等。（註③）他的歌如其人，極有吸引力又高深莫測，美國有大學開「巴布狄倫」課程研究，可見他已不是單純的「民謠吉他手」。外界視他為反叛文化代言人，但他自己否認他反叛了什麼？

貳、巴布狄倫獲諾貝爾獎的緣由和爭議始末

二〇一六年十月十三日，諾貝爾委員會宣布本屆文學獎得主，是美國民謠搖滾歌手巴布狄倫。原因是他合乎該文學獎規定的理想標準：「在文學領域創作出具有理想傾向之最傑出作品的人」（The person who produced in the field of literature …… the most outstanding work in an ideal direction）。（註④）根據這個看似很高又很模糊的標準，很難說巴布不夠資格。但問題在，全世界所有詩人、作家，都不如一個民謠吉他手嗎？各界雖有褒貶，文學界的反應則以「貶」居多。

詩人艾美金恩（Amy king）公開呼籲巴布，仿效法國哲學家沙特（Jean-paul

Sartre）於一九六四年拒絕領受諾貝爾獎。黎巴嫩小說家瑞比阿拉米丁（Rabih Alameddine）酸溜溜說，「巴布狄倫獲諾貝爾文學獎，就像菲爾斯夫人（Mrs. Fields）餅店獲頒米其林三星獎（餐廳最高榮譽）一樣」。還有更多的，是無法接受巴布獲諾獎一事，很大的原因是巴布以作曲、演唱出名，著作則可能只有一本所作曲子歌詞的全集，其他鮮有可見。

此次諾貝爾委員會所認同的，是巴布的「詩人」身份。巴布自己多次說過，「我認為自己是詩人，其次才是音樂家」。他的自我定位，在美國也得到不少認同。宣讀巴布獲獎聲明的瑞典學院常任秘書莎拉達紐斯（Sara Danius），宣稱巴布是「英語傳統中的偉大詩人」，只是他的「音樂人」身份太巨大，壓過了他的詩人身份。

參、搖滾樂也是詩與台灣地區民歌興起

早在巴布獲諾獎以前的很多年，文壇詩界已有爭議或討論，民歌是不是詩？歌詞能算文學或詩嗎？民歌手或音樂人能拿文學獎嗎？爭論是永遠存在的。但我認同「民歌也是詩」，《詩經》正是吾國最早的民歌和民謠，所以民歌可以成為詩，問題只在怎樣的

民歌或民謠，可以如詩唱誦！另外，余光中亦說：「搖滾樂也是一種詩」（見余光中著《焚鶴人》）。（註⑤）那麼，巴布狄倫就是搖滾詩人，詩人當然可以拿文學獎。

當巴布當紅時，台灣政經環境也安定下來，年輕人以聽西洋歌為時尚，巴布、貓王、披頭四等搖滾歌曲在台灣都很流行。當時余光中赴美讀書，震懾於美英搖滾文化的威力，他也創作不少音樂感十足的詩。其中之一，是模仿巴布的〈Blowing in the wind〉風格，余光中的〈江湖上〉也堪稱經典。（註⑥）

一雙鞋，能踢幾條街？一雙腳，能換幾次鞋？
一口氣，嚥得下幾座城？一輩子，闖幾次紅燈？
答案啊答案在茫茫的風裡

一雙眼，能燃燒到幾歲？一張嘴，吻多少次酒杯？
一頭髮，能抵抗幾把梳子？一顆心，能年輕幾回？
答案啊答案在茫茫的風裡

為什麼，信總在雲上華？為什麼，車票在手裡？
為什麼，惡夢在枕頭下？為什麼，抱你的是大衣？
答案啊答案在茫茫的風裡

一片大陸，算不算你的國？一個島，算不算你的家？
一眨眼，算不算少年？一輩子，算不算永遠？
答案啊答案在茫茫的風裡

〈江湖上〉經楊弦譜曲，陳寧貴參與四十多年前中山堂那場民歌演唱會，而我應該是駐守金馬前線，保障他們演唱會順利成功。但畢竟余光中受學院學術限制，〈江湖上〉一詩很有創意，惟力道不足，批判和反思顯得較弱，這是「知識」問題，可見「書讀太多」也不好。再者，〈江湖上〉也只是模仿之作。

陳寧貴稱「巴布狄倫可說是台灣民歌的源頭」。（註⑦）我想，這應該是事實，開啟後來年輕人自己創作譜曲的風潮，拉開民歌的大時代。

肆、陳寧貴的詩民歌

我的研究主題主角陳寧貴，有關於他的重要成就，不論那一方面都要抓緊把握。尤其有詩作譜曲成民歌，能在民歌演唱會激起更多人共鳴，風行一時，與時代脈動接軌，表示他的作品已有一定「歷史定位」。按寧貴兄在〈從歌詞到歌詩〉一文介紹，前輩音樂人韓正皓譜曲有〈傘〉和〈居〉兩首詩，且由李宗盛的木吉他合唱團演唱。賞讀〈傘〉。（註⑧）

傘　才一張開　便悄然撐起一場美麗的夢
雨　落在傘上　聽聽是誰在撥弄我們的心弦
手　撫過你的長髮　髮絲如琴絲
忽然彈出幾許　甜情　和蜜意
傘　才一張開　便悄然撐起一場美麗的夢
雨　落在傘上　聽聽是誰在撥弄我們的心弦

一支有豐富內涵的傘，也是「一支小雨傘」，在傘內說著甜蜜的情話；也是一支很大的巨傘，可以撐起美麗的夢，撐起人們的偉大王國。故，說是傘，即非傘，是名傘。
寧貴兄另一首譜曲的民歌詩是〈居〉，由羅吉鎮演唱，也流行一時，才不久前的事。

我要在你的內心裡
定居。因為你的心
最美麗溫柔，像春天
更像一首詩。當我沉睡在
在你內心裡
你原是一首歌，一首
最美妙的歌。只有世上最美的靈魂
才能唱出這歌。只有你
只有你，才能把我的名字
唱出聲音

世上真有這麼好的「房子」嗎？我也想搬去「定居」，享受四季如春的溫柔，人世間能吸引人，能感動人的，都是一種真善美。「只有世上最美的靈魂／才能唱出這歌。只有你／只有你，才能把我的名字／唱出聲音」。吾深信，這樣的唯美情境，只存在浪漫主義的愛情國度，如今依然是很夯、誘人「定居」的夢幻王國。

伍、巴布狄倫詩民歌賞析與吉他彈奏

巴布狄倫一生至今，作曲約有五百首，這些曲子極有詩意的歌詞，影響很多人。由於此項原因，諾貝爾委員會在一份簡短的聲明說，他在「偉大的美國歌謠傳統中，創造了新的詩意表達」。因此，巴布暢銷的歌很多，最常被提到是〈Blowing in the Wind〉（隨風飄盪），歌詞譜和吉他彈奏指法如後附。這首歌初見於一九六三年五月二十七日，巴布推出第二張唱片《Freewheeling Bob Dylan》（自由自在的巴布狄倫）。

唱片一出，立即轟動，成為一九六〇年代反戰歌曲代表作品，至今不衰。實則這首歌並非全部巴布原創，部分取材更早的反黑奴歌曲〈No more Auction Block〉（棄絕拍賣場）。奇怪的是，巴布這首歌沒有一絲反戰、抗議的念頭，但為何歷久不衰？何處引人共鳴？其如詩的中文翻譯如下。（註⑨）

一個人要走多少路
別人才把他稱為人？
一隻白鴿要飛越多少海
才能在沙灘沉睡？
炮彈要發射多少次
才會被永遠報廢？
我的朋友，答案就在風中飄
答案就在風中飄

一個人要仰望多少次
才能看見天空？
一個人要有多少耳朵
才能聽到人們的哭聲？
在他知道太多人死去前

有過多少死亡發生？
我的朋友，答案就在風中飄
答案就在風中飄

一座山要存在多少年
才能被大海淹沒？
一些人要生活多少年
才能獲得自由？
一個人要轉多少次頭
還假裝什麼都看不見？
我的朋友，答案就在風中飄
答案就在風中飄

整首詩（歌詞）共三段九個提問，都是大哉問，沒有答案（在風中飄等於沒有），為的是「棒喝」效果，一連串的問題質疑，加大人的思考力道。每個問題都有很深廣而多層次意涵，一個問題要完整回答，要寫好幾本博士論文。例如第一提問，「**一個人要走多少路/別人才把他稱爲人？**」這是佛教和儒家論述極多的主題，且二千多年來都是「永恆的議題」。一個人走多少路才能成「人」？流浪漢走的路可能比書生遠，詐騙者走的路會比教授多，所以這詩裡說「路」即非路，另有所指，顯然一個人能不能稱為「人」，並非行路遠近的問題，而是人格品德或心態的問題。若不在人格品德和心態這「人意涵」下工夫，走千萬里路仍然不能稱為人，就是「非人」。佛經《阿含經》稱四種情況為「非人」，即不是人、不像個人。

> 應笑而不笑，應說而不說。
> 應喜而不喜，應作而不作。

很多人明明是人，為什麼大家說他不是人？巴布狄倫也知道，所有聽他彈唱民謠的也「都是人」，不須要走一步路仍是個活生生的人，為何還提問走多少路才成人？確實引人反思、反省，且極有啟示作用。另有八個提問都是相同道理，這首歌雖然沒有明顯的反戰、抗議詞句，還是有「微弱」的意涵。

陸、小結：從巴布狄倫到陳寧貴

陳寧貴和巴布狄倫的連結，就在對民歌做出貢獻，差別在貢獻大小，知名度高低，巴布已是全球巨星，阿貴是我們一方世界的詩人。

巴布被視為反戰、抗議代言人，但巴布從來沒有對越戰說過一句反對的話，更沒有寫過一首抗議越戰的歌曲。越戰結束到今天廿一世紀了，期間美國發動很多戰爭，第二次波灣戰爭聯合國判定是「不義之戰」。凡此，巴布都沒有批判，沒有說過一言反戰，沒有任何抗議動作。在美國也有許多人說他背叛了，向流俗靠攏。（註⑩）他的初衷不復見了，民謠的、抗議的、反思的、批判的，這些特質都去哪裡了？他的演唱會經常掌聲夾雜著噓聲，直到如今，仍令許多人失望與不解。

但做為一個單純的民歌吉他手，我還是喜歡巴布狄倫的歌，因為我很年輕時帶著吉他彈唱他的歌。一九六〇年代中期，巴布開始轉型，曲風由溫和民謠轉變成熱鬧搖滾，他發行了長達六分鐘的單曲，〈Like a Rolling Stone〉（像一塊滾石），也是一發轟動。此後，他把電子樂器帶入他的曲風，吉他加上鍵盤樂器，就讓演唱會一路夯狂。無疑他是很成功的吉他歌手。

從巴布到陳寧貴，做為一個作家、詩人，還曾在主編《陽光小集》詩刊時，主辦過兩場詩與民歌之夜，他自己也有詩譜成民歌演唱，相信巴布對他不僅有連接，也是有影響的。巴布是台灣民歌的源頭（我以為只是源頭之一），做為民歌吉他手，我等讚頌他，但許多人質疑，巴布的初衷不見了。其實，半個世紀來，巴布的初衷是什麼？我也說不清楚。而陳寧貴作家、詩人的初衷，我知道是依然存在的，是否反戰就不清楚了！

註釋

①陳寧貴，〈從歌詞到歌詩〉，《華文現代詩》第十三期（台北：文史哲出版社，二〇一七年五月），頁四八—五二。

②伍迪・蓋瑟瑞（Woody Guthrie, 1912～1967），奧克拉荷馬州人，創作歌手、音樂家，他也是美國民謠史的傳奇人物。

③凌晨主編，《凌晨之歌》第八集（西洋流行歌Ⅱ）（台北：長橋出版社，民國六十六年八月十五日），頁五一—五三。

④人間福報，二〇一六年十月三十日，A5版。各家評論參考本版報導。

⑤人間福報，二〇一六年十月二十四日，曹郁美，〈我的青春我的歌：搖滾樂也是一種詩〉。

⑥余光中，〈江湖上〉，引註①陳寧貴〈從歌詞到歌詩〉一文中。

⑦同註①，頁四八。

⑧韓正皓，一九四八年生於蘇州，知名音樂人。二〇一五年《民歌四〇》，韓正皓與鍾少蘭夫妻唱〈我不知道風是在哪一個方向吹〉，筆者夫婦也前往聆聽。

⑨同註①，二、三段對調。

⑩同註⑤。

圖片來源：同前

Richard Avedon 鏡頭下的巴布狄倫，
流露出強烈的詩人陰鬱氣息。
圖／取自 Richard Avedon 官網

圖片來源：凌晨主編，《凌晨之歌》第8集，長橋出版社，民國66年8月15日．P.53.